5 CONSIGLI PER INIZIARE

1) COME RISOLVERE LE PAROLE INTRECCIATTE

I puzzle hanno un formato classico:

- Le parole sono nascoste senza spazi o trattini,...
- Orientamento: Le parole possono essere scritte in avanti, indietro, verso l'alto, verso il basso o in diagonale (possono essere invertite).
- Le parole possono sovrapporsi o intersecarsi.

2) APPRENDIMENTO ATTIVO

Accanto ad ogni parola c'è uno spazio per scrivere la traduzione. Per incoraggiare l'apprendimento attivo, un **DIZIONARIO** alla fine di questa edizione vi permetterà di controllare e ampliare le vostre conoscenze. Cerca e scrivi le traduzioni, trovale nel puzzle e aggiungile al tuo vocabolario!

3) SEGNARE LE PAROLE

Puoi inventare il tuo sistema di segni. Forse ne usi già uno? Per esempio, puoi segnare le parole difficili da trovare con una croce, le parole preferite con una stella, le parole nuove con un triangolo, le parole rare con un diamante, e così via.

4) STRUTTURARE L'APPRENDIMENTO

Questa edizione offre un **TACCUINO** alla fine del libro. In vacanza, in viaggio o a casa, puoi organizzare facilmente le tue nuove conoscenze senza bisogno di un secondo quaderno!

5) AVETE FINITO TUTTE LE GRIGLIE?

Nelle ultime pagine di questo libro, nella sezione della **SFIDA FINALE**, troverete un gioco gratuito!

Facile e veloce! Dai un'occhiata alla nostra collezione di libri di attività per il tuo prossimo momento di divertimento e **apprendimento,** a portata di clic!

Trova la tua prossima sfida su:

BestActivityBooks.com/MioProssimoLibro

Ai vostri posti, pronti...Via!

Sapevi che ci sono circa 7.000 lingue diverse nel mondo? Le parole sono preziose.

Amiamo le lingue e abbiamo lavorato duramente per creare libri di altissima qualità. I nostri ingredienti?

Una selezione di argomenti adatti all'apprendimento, tre buone porzioni di intrattenimento, una cucchiaiata di parole difficili e una spolverata di parole rare. Li serviamo con amore e entusiasmo in modo che tu possa risolvere i migliori giochi di parole e divertirti imparando!

La vostra opinione è essenziale. Puoi partecipare attivamente al successo di questo libro lasciandoci un commento. Ci piacerebbe sapere cosa ti è piaciuto di più di questa edizione.

Ecco un link veloce alla pagina dell'ordine:

BestBooksActivity.com/Recensione50

Grazie per il vostro aiuto e buon divertimento!

Tutta la squadra

1 - Scacchi

```
C W L I P A S S I V E D C C
O L H C W L P O I N T S H H
N E E I Z A A U X S F T A A
T P B V T J C Y K A O R L M
E F Q U E E N D E C G A L P
S L D R D R P I T R A T E I
T O L E A R N A T I M E N O
K I N G O U J G W F E G G N
B L A C K L Y O A I X Y E O
G F Z Z C E Y N B C I W S H
F A I Q M S P A D E J N Q W
W T S D M L O L Q B G A C Y
C Q C T O U R N A M E N T A
O P P O N E N T J Z Z X N W
```

OPPONENT	TO LEARN
WHITE	POINTS
CHAMPION	KING
CONTEST	QUEEN
DIAGONAL	RULES
PLAYER	SACRIFICE
GAME	CHALLENGES
CLEVER	STRATEGY
BLACK	TIME
PASSIVE	TOURNAMENT

2 - Aggettivi #2

```
F  S  S  W  E  E  T  Y  E  N  D  R  D  D
H  H  T  V  X  Q  R  C  U  A  W  E  R  E
M  A  P  R  O  U  D  R  Y  T  H  S  A  S
R  K  R  C  O  X  H  E  V  U  U  P  M  C
N  K  C  M  P  N  G  A  S  R  N  O  A  R
F  A  M  O  U  S  G  T  A  A  G  N  T  I
G  E  Q  I  R  R  M  I  L  L  R  S  I  P
D  J  P  E  E  Z  P  V  T  I  Y  I  C  T
U  I  Z  L  L  Y  Y  E  Y  F  Q  B  Q  I
I  N  T  E  R  E  S  T  I  N  G  L  H  V
G  E  G  G  H  E  A  L  T  H  Y  E  T  E
P  W  X  A  U  T  H  E  N  T  I  C  S  Z
S  A  U  N  O  R  M  A  L  R  S  C  D  D
V  A  I  T  P  R  O  D  U  C  T  I  V  E
```

HUNGRY	INTERESTING
DRY	NATURAL
AUTHENTIC	NORMAL
CREATIVE	NEW
DESCRIPTIVE	PROUD
SWEET	PRODUCTIVE
DRAMATIC	PURE
ELEGANT	RESPONSIBLE
FAMOUS	SALTY
STRONG	HEALTHY

3 - Mobili

```
A  L  A  M  P  P  M  C  S  O  C  G  B  U
F  R  R  S  I  V  I  I  H  Z  O  R  U  G
U  Y  M  J  X  D  R  L  E  M  U  N  N  B
T  X  V  C  O  R  R  L  L  E  C  M  O  O
O  F  I  H  H  V  O  Y  V  O  H  A  X  O
N  H  A  A  S  A  R  H  E  A  W  T  N  K
Q  Q  Y  I  K  D  I  W  S  R  Q  T  F  C
K  R  M  R  Y  F  Z  R  H  M  Y  R  F  A
C  U  S  H  I  O  N  S  M  O  B  E  D  S
S  B  E  N  C  H  J  O  H  I  Y  S  E  E
H  A  M  M  O  C  K  R  W  R  M  S  H  B
Y  Z  B  D  E  S  K  I  R  E  H  D  E  E
W  W  I  L  Z  J  G  T  Y  F  P  R  A  Y
J  C  U  R  T  A  I  N  S  H  T  O  N  L
```

HAMMOCK	MATTRESS
ARMOIRE	BENCH
CUSHIONS	ARMCHAIR
PILLOW	SHELVES
COUCH	DESK
FUTON	CHAIR
LAMP	MIRROR
BED	RUG
BOOKCASE	CURTAINS

4 - Pesca

```
E S U P R I Q R L H H N B L
P X R B S Y I B B I R O P D
F A A P K W J A W P B S O Y
I C T G E Q U I P M E N T K
N W E I G H T T I P A C L Q
S I P O E E O F Y A C O A T
X R T A N R V J H H O K Z
O E G J P D C A B A S K E T
I U V P I C C E T M P D G S
R M U S V J E G J I I U I E
O C E A N D H P T Q O K L A
R D O Q C X J D U Y G N L S
X I W A T E R I V E R H S O
F Z D Q F W V E B O A T J N
```

WATER	HOOK
EQUIPMENT	LAKE
BOAT	JAW
GILLS	OCEAN
BASKET	PATIENCE
COOK	WEIGHT
EXAGGERATION	FINS
BAIT	BEACH
WIRE	SEASON
RIVER	

5 - Aggettivi #1

```
A O V S E A R O M A T I C B
R X A X L X D O H O N E S T
T O L F O O O O M W Q J I R
I M U N A X W T Z E A Q M P
S U A C T I V E I X M J P J
T V B O Q I A F S C B A O Y
I W L J G D N B E V I M R P
C U E M P E R F E C T O T L
H E A V Y N N P C G I D A Y
L A R G E T W E L A O E N O
V F J X I I X F R A U R T U
H U G E V C O Y P O S N C N
L O N G O A B S O L U T E G
W X Q X C L T H I N P S J U
```

AMBITIOUS	IDENTICAL
AROMATIC	IMPORTANT
ARTISTIC	SLOW
ABSOLUTE	LONG
ACTIVE	MODERN
HUGE	HONEST
EXOTIC	PERFECT
GENEROUS	HEAVY
YOUNG	VALUABLE
LARGE	THIN

6 - Geologia

```
W  V  Z  Y  V  C  O  F  Q  C  U  E  H  P
D  G  O  Z  O  R  C  O  U  A  A  R  C  S
M  C  C  P  L  Y  O  S  A  L  T  O  A  S
G  V  M  O  C  S  N  S  R  C  E  S  V  T
Z  E  A  O  A  T  T  I  T  I  L  I  E  A
E  F  Y  A  N  A  I  L  Z  U  A  O  R  L
R  O  Y  S  O  L  N  I  B  M  Y  N  N  A
P  S  G  B  E  S  E  V  P  M  E  Z  N  G
L  C  T  L  H  R  N  H  Z  U  R  X  Q  M
A  O  L  O  T  G  T  B  K  N  J  U  F  I
V  R  Z  T  N  M  I  N  E  R  A  L  S  T
A  A  R  R  H  E  G  X  R  Q  H  C  K  E
H  L  S  T  A  L  A  C  T  I  T  E  I  S
Y  G  M  A  P  L  A  T  E  A  U  H  R  D
```

ACID	LAVA
PLATEAU	MINERALS
CALCIUM	STONE
CAVERN	QUARTZ
CONTINENT	SALT
CORAL	STALAGMITES
CRYSTALS	STALACTITE
EROSION	LAYER
FOSSIL	VOLCANO
GEYSER	

7 - Campeggio

```
M O U N T A I N Z X G E H H
C U S B C O L F S W M T A A
A Q Z S V F N A T U R E T M
N D C O M P A S S R C Z E M
O O V U J P M F M X C E N O
E D K E I V Q A D X E U T C
G U X H N X A R P H E J F K
A U Q U S T F F O R E S T C
M O O N E R U U G T D P L A
C U P T C E K R N F I R E B
D X R I T E D O E L A K E I
P Y W N Y S I P K C Q C S N
V L O G V B M E F U X Y B O
A N I M A L S R A C T S C B
```

TREES	FUN
HAMMOCK	FOREST
ANIMALS	FIRE
ADVENTURE	INSECT
COMPASS	LAKE
CABIN	MOON
HUNTING	MAP
CANOE	MOUNTAIN
HAT	NATURE
ROPE	TENT

8 - Arti Visive

```
X U P H O T O G R A P H C S
M K E A S E L D U J C G E S
C A R P E N C I L W R J R C
O R S R T D O P H P E N A H
M T P T K G M H A X A X M A
P I E Z E F I L M W T S I L
O S C V A R N I S H I C C K
S T T C I U P N Z W V U S S
I B I J T X C I R A I L C T
T N V Z A T W Q E X T P L E
I N E H P N P F Z C Y T A N
O I C H A R C O A L E U Y C
N P O R T R A I T D B R H I
A R C H I T E C T U R E O L
```

ARCHITECTURE
CLAY
ARTIST
MASTERPIECE
CHARCOAL
EASEL
WAX
CERAMICS
COMPOSITION
CREATIVITY

FILM
PHOTOGRAPH
CHALK
PENCIL
PEN
PERSPECTIVE
PORTRAIT
SCULPTURE
STENCIL
VARNISH

9 - Esplorazione

```
P  E  K  Q  H  W  T  O  L  E  A  R  N  H
T  E  R  R  A  I  N  E  W  G  V  C  G  A
C  X  C  A  C  L  D  J  G  F  Q  O  L  Z
U  H  S  Q  T  D  A  F  X  O  Y  U  D  A
L  A  E  E  I  Q  F  N  V  L  S  R  I  R
T  U  J  Y  V  U  U  O  G  L  S  A  S  D
U  S  G  M  I  X  N  E  H  U  P  G  C  S
R  T  L  R  T  Y  Z  K  S  X  A  E  O  E
E  I  Z  N  Y  W  F  M  N  T  C  G  V  F
S  O  A  N  I  M  A  L  S  O  E  J  E  S
P  N  P  E  R  I  L  O  U  S  W  J  R  M
E  X  C  I  T  E  M  E  N  T  F  N  Y  Y
I  J  L  O  T  R  A  V  E  L  R  B  K  G
D  E  T  E  R  M  I  N  A  T  I  O  N  H
```

ANIMALS
ACTIVITY
COURAGE
CULTURES
DETERMINATION
EXCITEMENT
EXHAUSTION
LANGUAGE
NEW
TO LEARN

HAZARDS
PERILOUS
QUEST
UNKNOWN
DISCOVERY
WILD
SPACE
TERRAIN
TRAVEL

10 - Tempo

```
B C E N T U R Y M I N U T E
B A F T E R L R F R I G X B
E L C C I C N O H R G D L C
Y E S T E R D A Y L H O U R
F N O O N S G P B C T C R T
U D O A N N U A L E L T D D
T A N W E E K Z A T F O C A
U R M O R N I N G O G O C Y
R G O V U D S S Q D K Q R K
E T N F L F E M Y A G K Y E
A U T L E T H C W Y W Y E G
J I H C N O I A A D F H A S
N U F J T E G O Q D P D R U
Z D R D B B V U Z W E F Q I
```

YEAR	NOON
ANNUAL	MINUTE
CALENDAR	NIGHT
DECADE	TODAY
AFTER	HOUR
FUTURE	CLOCK
DAY	SOON
YESTERDAY	BEFORE
MORNING	CENTURY
MONTH	WEEK

11 - Astronomia

```
K  G  I  H  M  T  E  L  E  S  C  O  P  E
N  P  G  R  A  V  I  T  Y  D  Y  K  Z  S
U  V  O  B  S  E  R  V  A  T  O  R  Y  C
M  C  O  N  S  T  E  L  L  A  T  I  O  N
S  E  A  S  T  R  O  N  O  M  E  R  R  W
P  U  T  M  O  O  N  E  N  H  W  S  A  J
L  E  P  E  H  F  R  O  C  K  E  T  D  U
A  Q  K  E  O  B  D  H  O  N  X  J  I  L
N  U  E  N  R  R  V  Y  S  Q  G  L  A  U
E  I  B  W  J  N  Q  L  M  E  A  R  T  H
T  N  S  R  D  C  O  W  O  S  L  T  I  Q
G  O  O  K  Q  Y  F  V  S  Y  A  J  O  B
S  X  J  W  Y  J  U  Z  A  Z  X  H  N  C
N  E  B  U  L  A  G  Y  O  R  Y  J  V  K
```

ASTRONOMER	NEBULA
SKY	OBSERVATORY
COSMOS	PLANET
CONSTELLATION	RADIATION
EQUINOX	ROCKET
GALAXY	SUPERNOVA
GRAVITY	TELESCOPE
MOON	EARTH
METEOR	

12 - Circo

```
S  P  E  C  T  A  C  U  L  A  R  H  M  A
M  C  U  U  X  X  B  N  T  Z  H  Z  U  N
B  E  L  E  P  H  A  N  T  I  J  B  S  I
W  M  I  O  H  T  L  S  R  Y  G  M  I  M
Y  A  O  U  W  E  L  P  F  H  D  E  C  A
A  G  N  X  E  N  O  E  P  T  O  U  R  L
T  I  C  K  E  T  O  C  C  A  N  D  Y  S
M  C  S  T  L  R  N  T  O  S  R  D  C  X
O  I  K  Z  X  I  S  A  S  Z  H  A  E  B
N  A  Z  I  C  C  Q  T  T  M  T  A  D  U
K  N  E  Y  O  K  R  O  U  A  Q  U  S  E
E  N  C  T  R  N  P  R  M  A  G  I  C  U
Y  V  G  J  U  G  G  L  E  R  M  C  D  N
A  C  R  O  B  A  T  E  N  A  D  M  F  U
```

ACROBAT	MAGICIAN
ANIMALS	MUSIC
TICKET	BALLOONS
CANDY	PARADE
CLOWN	MONKEY
COSTUME	SPECTACULAR
ELEPHANT	SPECTATOR
JUGGLER	TENT
LION	TIGER
MAGIC	TRICK

13 - Mitologia

```
J E A L O U S Y Q M F A G G
U N L I G H T N I N G P T U
V L A B Y R I N T H S P A R
L C H N K A R C H E T Y P E
D I S A S T E R U R W I M K
H C R E A T I O N O Q L A M
D R L E G E N D D J A N G O
C E R P S P P Y E M V F I N
U A I B D X M O R T A L C S
L T J T W A R R I O R L A T
T U T Q I R E V E N G E L E
U R K P B E H A V I O R F R
R E J L W T S T R E N G T H
E I M M O R T A L I T Y U N
```

ARCHETYPE
BEHAVIOR
CREATURE
CREATION
CULTURE
DISASTER
DEITIES
HERO
STRENGTH
LIGHTNING

JEALOUSY
WARRIOR
IMMORTALITY
LABYRINTH
LEGEND
MAGICAL
MORTAL
MONSTER
THUNDER
REVENGE

14 - Piante

```
V P L B C K G R O W M J S R
V E G E T A T I O N F O S O
N F F U R R C P U Z W X S D
U F L N H H G T B P K Y M S
F L O R A X A X U Z T K E B
E K W V P G R A S S K F Z A
R M E U G W D Y H B E A N M
T D R O O T E O N E P U K B
I V Y O E U N M D R M I P O
L V T B O T A N Y R D M Z O
I H G D E I R O S Y Y H V I
Z Z J Q L J P E T A L S J J
E F O L I A G E E F B U C M
R N F O R E S T F R Y F E P
```

TREE   FERTILIZER
BERRY   FLOWER
BAMBOO   FLORA
BOTANY   FOLIAGE
CACTUS   FOREST
BUSH   GARDEN
GROW   MOSS
IVY   PETAL
GRASS   ROOT
BEAN   VEGETATION

15 - Spezie

```
S  Y  S  C  U  G  C  U  R  R  Y  F  E  Z
W  S  A  I  V  A  N  I  L  L  A  E  V  M
E  J  F  N  N  R  O  S  P  X  K  N  N  M
E  E  F  N  G  L  L  H  W  S  R  N  W  A
T  Z  R  A  G  I  N  G  E  R  A  E  Z  A
C  P  O  M  L  C  C  T  O  W  N  L  L  N
U  A  N  O  X  F  T  U  U  S  I  I  T  U
B  P  R  N  A  Q  S  N  M  O  S  C  U  T
I  R  P  D  C  U  L  R  J  I  E  O  R  M
T  I  E  J  A  E  N  H  X  V  N  R  M  E
T  K  P  L  L  M  J  E  A  L  V  I  E  G
E  A  P  I  P  L  O  N  I  O  N  C  R  S
R  Z  E  U  J  P  B  M  H  H  G  E  I  N
C  O  R  I  A  N  D  E  R  N  K  J  C  M
```

GARLIC
BITTER
ANISE
CINNAMON
CARDAMOM
ONION
CORIANDER
CUMIN
TURMERIC
CURRY

SWEET
FENNEL
LICORICE
NUTMEG
PAPRIKA
PEPPER
SALT
VANILLA
SAFFRON
GINGER

16 - Numeri

```
F  S  P  Y  R  H  B  O  D  O  Y  E  B  J
O  O  E  I  G  H  T  D  E  C  I  M  A  L
U  P  U  V  T  J  W  A  I  E  B  A  E  F
R  M  E  R  E  T  O  U  Y  E  H  B  T  I
B  S  I  X  T  N  T  W  E  L  V  E  H  F
J  G  P  Y  S  E  G  S  Q  T  Y  I  I  T
T  H  R  E  E  E  E  X  Y  T  J  G  R  E
F  I  V  E  R  W  V  N  I  N  E  H  T  E
T  W  E  N  T  Y  E  E  U  Z  L  T  E  N
N  I  N  E  T  E  E  N  N  X  P  E  E  Q
Z  E  R  O  V  G  S  I  X  T  E  E  N  N
A  L  F  J  V  E  Q  Z  C  E  E  N  D  L
I  U  V  R  W  M  P  M  V  M  J  E  N  F
P  O  K  M  X  E  H  O  Z  N  Z  B  N  L
```

FIVE	FOURTEEN
DECIMAL	FOUR
NINETEEN	FIFTEEN
SEVENTEEN	SIXTEEN
EIGHTEEN	SIX
TEN	SEVEN
TWELVE	THREE
TWO	THIRTEEN
NINE	TWENTY
EIGHT	ZERO

17 - Cioccolato

```
C A C A O F A V O R I T E A
V T R J G S N Q M B L O I R
C O C O N U T R E C I P E T
P V T N M G I F B A N Q P I
Q S K W M A O F I R G U E S
P O W D E R X C T A R A A A
Z T F W T P I A T M E L N N
E R Q M T O D N E E D I U A
X R D I B A A D R L I T T L
O T C L U M N Y B U E Y S M
T S A F B M T X F Y N U J N
I V F S W E E T J C T D X J
C R N X T D E L I C I O U S
Q N M D C E C A L O R I E S
```

BITTER
ANTIOXIDANT
PEANUTS
AROMA
ARTISANAL
CACAO
CALORIES
CANDY
CARAMEL
DELICIOUS

SWEET
EXOTIC
TASTE
INGREDIENT
COCONUT
POWDER
FAVORITE
QUALITY
RECIPE
SUGAR

18 - Guida

```
O C P Q X M O W B N J P B K
G A S E J S N N U R G W M H
Y U B B D P I O S J A L W U
M T M X V E O U A O A K L Q
V I O T C E S A F E T Y E H
M O T O R D X T M A P B F S
T N O F O P T P R G X G C G
R H R S A G U S Q I D H M A
A C C I D E N T C S A A W R
F K Y Q A X N C J L N N Y A
F O C J W Y E I A K G M F G
I A L L C F L C T R E E U E
C A E P O L I C E Y R T E G
L I C E N S E N W R M T L N
```

CAUTION
CAR
BUS
FUEL
BRAKES
GARAGE
GAS
ACCIDENT
LICENSE
MAP

MOTORCYCLE
MOTOR
PEDESTRIAN
DANGER
POLICE
SAFETY
ROAD
TRAFFIC
TUNNEL
SPEED

19 - Sport

E	T	L	N	X	P	G	H	O	C	K	E	Y	G
V	A	F	X	R	M	O	V	E	M	E	N	T	Y
Z	I	T	I	R	H	L	Z	A	U	K	R	M	M
T	E	N	N	I	S	F	E	W	M	K	T	T	N
D	G	Y	M	N	A	S	I	U	M	O	P	H	A
A	G	V	B	G	T	P	T	O	S	W	I	M	S
B	A	S	E	B	A	L	L	A	C	D	F	P	T
L	M	C	Y	S	T	A	R	K	D	O	R	Z	I
O	E	T	I	V	H	Y	F	E	M	I	A	E	C
B	I	C	Y	C	L	E	J	V	F	T	U	C	S
P	W	I	N	N	E	R	Z	I	L	E	D	M	H
B	A	S	K	E	T	B	A	L	L	R	R	K	Y
T	E	A	M	B	E	I	M	A	X	Y	S	E	S
C	H	A	M	P	I	O	N	S	H	I	P	B	E

COACH
REFEREE
ATHLETE
BASEBALL
BASKETBALL
BICYCLE
CHAMPIONSHIP
GYMNASTICS
PLAYER
GAME

GOLF
HOCKEY
MOVEMENT
TO SWIM
GYMNASIUM
TEAM
STADIUM
TENNIS
WINNER

20 - Giocattoli

```
O F P T T K T B S Y Q T K I
D O L L R P A I N T S R I M
G F U H D U Q K B B O A T A
B A B P T Z C U S F O I E G
K V M E C Z S K P Q E N A I
S O Z E R L C R A F T S A N
D R U M S E A H C J R Q I A
X I Z K W V R M E E V E R T
T T J S L N O U Q S W J P I
G E Z T C E B W P X S U L O
H G F U L B O I E S E L A N
Y K E G A L T L I Z D M N D
B A L L Y B I C Y C L E E G
Y A I S Y B X N B O O K S E
```

AIRPLANE
KITE
CLAY
CRAFTS
CAR
DOLL
BOAT
DRUMS
BICYCLE
TRUCK

GAMES
IMAGINATION
BOOKS
BALL
FAVORITE
PUZZLE
ROBOT
CHESS
TRAIN
PAINTS

21 - Strumenti di Cottura

```
K G J K G D O Y T B X T J S
C R I N R S C O O L I D J T
X P V I A J Q T A E E T U R
Y T Y F T U U S S N H K I A
F H S E E C U P T D Q L C I
C E C T R P U A E E B Z E N
F R I Q O K U T R R M X R E
O M S F S V V U L P C K G R
R O S W W P E L M E T Z Y K
K M O V E N O A T I R G C T
M E R H Q I Y O I W E Y P J
M T S V C O L A N D E R S O
K E T T L E S F T P U B K S
Q R R E F R I G E R A T O R
```

KETTLE	REFRIGERATOR
COLANDER	BLENDER
KNIFE	GRATER
LID	CUTLERY
SPOON	SPATULA
STRAINER	JUICER
SCISSORS	STOVE
FORK	THERMOMETER
OVEN	TOASTER

22 - Uccelli

```
C Z Q O H S P A R R O W S C
H P C B O T O U C A N P J L
I O A E N O P I G E O N C B
C G E R U R P E L I C A N C
K I G X R K E G G D O V E G
E C U C K O O S T R I C H O
N I N I J V T H O T V C F O
P E A C O C K E E J E Z L S
P E N G U I N A E R J C A E
V L P P R S G G Q B O O M S
E V L D T R F L K X M N I H
A S Y G U L L E A S C O N B
J G I I C C L Y P X K S G D
S W A N M E K W K E M T O Q
```

HERON   PARROT
DUCK   SPARROW
EAGLE   PEACOCK
STORK   PELICAN
SWAN   PIGEON
DOVE   PENGUIN
CUCKOO   CHICKEN
FLAMINGO   OSTRICH
GULL   TOUCAN
GOOSE   EGG

23 - Giorni e Mesi

```
U L D D W E E K R C A Z D S
O C T O B E R M O N T H E E
F R I D A Y D O X O U H C P
S L N D A T V N H S B A E T
U A G R F R L D E O J F M E
N U T W E D J A G S G S B M
D G P U B E U Y C C D J E B
A U A P R I L F N A B A R E
Y S L J U D Y M Y L W N Y R
G T B G A U A N Q E J U N E
D Y P Q R C U Y U N A A M X
V O A I Y D N T S D R R W P
T U E S D A Y F X A C Y P Z
B Y N O V E M B E R P X Q W
```

AUGUST	MONDAY
YEAR	TUESDAY
APRIL	WEDNESDAY
CALENDAR	MONTH
DECEMBER	NOVEMBER
SUNDAY	OCTOBER
FEBRUARY	SATURDAY
JANUARY	SEPTEMBER
JUNE	WEEK
JULY	FRIDAY

24 - Casa

```
Q F K C J X D L Y O P Q T Y
S A F E N C E X I K A L M W
K U F I R E P L A C E I H J
I C R L W M R E V O X X C N
T E Y I A Q I N A T T I C D
C T P N L G A R A G E Y A O
H K R G L A M P R F K F P O
E S U S B Y F L O O R W U R
N P G Q R G Z I O A R C P R
W I N D O W K B F W N P D S
X R S H O W E R P W A K E M
Z J J W M Y N A R O O M B D
G A R D E N H R P B W G D A
T Y B C K I M Y G F R O B X
```

ATTIC	WALL
LIBRARY	FLOOR
ROOM	DOOR
FIREPLACE	FENCE
KITCHEN	FAUCET
SHOWER	BROOM
WINDOW	CEILING
GARAGE	MIRROR
GARDEN	RUG
LAMP	ROOF

25 - Ristorante #1

```
K Y H G K I T C H E N W E C
P N N F G L S A Y J V A N O
U M P C O A V S H P O I X F
V A K H V O B H F L H T R F
H A N I A P D I E N K R E E
S P I C Y L M E A T L E S E
M U F K Z A L R S I U S E W
J I E E M T G E N S E S R N
G M E N U E U H R E E B V A
B O W L T U R F T G C R A P
U E Z S O V B X G Y Y E T K
I N G R E D I E N T S A I I
Q C E S A U C E Y J H D O N
R G J H T O L R G I O I N G
```

ALLERGY	INGREDIENTS
COFFEE	TO EAT
WAITRESS	MENU
MEAT	BREAD
CASHIER	PLATE
FOOD	SPICY
BOWL	CHICKEN
KNIFE	RESERVATION
KITCHEN	SAUCE
DESSERT	NAPKIN

26 - Fantascienza

```
P  T  H  D  Y  C  I  N  E  M  A  O  M  I
Q  G  I  E  X  P  L  O  S  I  O  N  Y  M
U  T  O  P  I  A  C  W  O  R  L  D  S  A
F  A  N  T  A  S  T  I  C  O  R  O  T  G
G  F  X  E  T  R  U  V  Y  B  L  R  E  I
A  U  C  C  O  E  F  G  C  O  X  A  R  N
L  T  A  H  M  A  P  I  H  T  E  C  I  A
A  U  D  N  I  L  K  L  R  S  X  L  O  R
X  R  Y  O  C  I  L  B  A  E  T  E  U  Y
Y  I  L  L  U  S  I  O  N  N  R  W  S  W
X  S  Y  O  A  T  M  O  X  H  E  I  L  W
A  T  Z  G  J  I  K  K  I  F  M  T  R  R
V  I  Y  Y  R  C  W  S  T  Y  E  P  I  S
B  C  D  Y  S  T  O  P  I  A  W  D  L  I
```

ATOMIC	IMAGINARY
CINEMA	BOOKS
DYSTOPIA	MYSTERIOUS
EXPLOSION	WORLD
EXTREME	ORACLE
FANTASTIC	PLANET
FIRE	REALISTIC
FUTURISTIC	ROBOTS
GALAXY	TECHNOLOGY
ILLUSION	UTOPIA

27 - Città

```
J  F  B  S  A  P  H  O  T  E  L  N  Q  N
F  F  E  T  Z  C  H  X  Q  W  M  M  B  D
S  C  H  O  O  L  M  A  D  J  T  X  A  C
U  B  L  F  I  I  S  Q  R  Y  S  Y  K  I
P  A  O  L  N  N  Q  I  N  M  T  Q  E  N
E  I  B  O  Z  I  S  V  E  H  A  J  R  E
R  R  A  R  K  C  P  C  D  K  D  C  Y  M
M  P  N  I  N  S  U  M  O  P  I  K  Y  A
A  O  K  S  D  T  T  D  A  V  U  Z  O  O
R  R  J  T  Z  O  A  O  Y  R  M  M  Q  H
K  T  I  J  A  R  S  S  R  B  K  R  Y  P
E  J  M  U  S  E  U  M  X  E  W  E  X  Q
T  P  A  F  U  N  I  V  E  R  S  I  T  Y
P  O  W  L  T  H  E  A  T  E  R  O  S  E
```

AIRPORT	MUSEUM
BANK	STORE
CINEMA	BAKERY
CLINIC	SCHOOL
PHARMACY	STADIUM
FLORIST	SUPERMARKET
HOTEL	THEATER
BOOKSTORE	UNIVERSITY
MARKET	ZOO

28 - Compleanno

```
V  J  S  H  X  U  T  V  V  C  F  M  X  W
B  O  Q  B  A  W  H  F  I  P  A  N  Q  Q
O  Y  S  O  N  G  Y  E  A  R  I  R  N  W
R  F  O  Y  H  I  S  Q  P  C  N  F  D  I
N  U  T  O  A  F  L  S  F  Z  V  R  C  S
N  L  C  U  P  T  R  C  U  S  I  O  A  D
K  Y  T  N  P  H  W  S  N  B  T  C  N  O
C  Q  K  G  Y  R  F  W  Q  U  A  G  D  M
C  A  L  E  N  D  A  R  L  T  T  R  L  Y
X  K  R  N  C  A  K  E  I  A  I  E  E  S
I  X  T  D  A  Y  J  E  G  E  O  A  S  P
D  N  I  Q  N  R  Y  M  D  C  N  T  J  V
L  J  M  S  P  E  C  I  A  L  S  D  U  Q
C  C  E  L  E  B  R  A  T  I  O  N  S  K
```

FRIENDS	DAY
YEAR	YOUNG
CALENDAR	GREAT
CANDLES	INVITATIONS
SONG	BORN
CARDS	GIFT
CELEBRATION	WISDOM
FUN	SPECIAL
HAPPY	TIME
JOYFUL	CAKE

29 - Fattoria #1

```
B  F  B  U  O  C  D  J  Y  D  R  P  U  M
E  B  O  F  P  Q  W  F  D  O  Z  A  M  X
E  X  X  E  F  I  E  L  D  G  D  Q  T  C
S  X  I  E  J  D  G  O  M  A  C  H  Q  H
R  X  T  D  R  O  O  C  A  G  A  O  H  O
K  Z  U  S  H  J  A  K  L  R  T  N  W  R
D  O  N  K  E  Y  T  B  Q  I  P  E  C  S
W  B  P  C  W  E  F  E  N  C  E  Y  H  E
C  A  L  F  A  E  D  M  F  U  P  B  I  H
R  M  G  I  T  N  B  S  J  L  F  R  C  H
P  T  G  Y  E  X  H  P  F  T  E  X  K  A
S  Q  L  S  R  I  C  E  Y  U  O  N  E  Y
Z  D  E  J  X  E  Z  T  Q  R  B  W  N  V
L  F  E  R  T  I  L  I  Z  E  R  P  J  M
```

WATER	CAT
AGRICULTURE	FLOCK
BEE	PIG
DONKEY	HONEY
FIELD	COW
DOG	CHICKEN
GOAT	FENCE
HORSE	RICE
FERTILIZER	SEEDS
HAY	CALF

30 - Paesaggi

```
O  S  Y  O  O  N  D  P  M  G  X  R  M  X
A  V  W  Q  X  R  D  E  O  E  A  E  J  N
S  T  K  A  O  U  I  N  U  Y  M  N  G  I
I  J  K  S  M  C  S  I  N  S  L  I  R  C
S  M  W  V  H  P  L  N  T  E  X  W  H  E
S  Q  C  A  V  E  A  S  A  R  T  L  M  B
C  T  S  L  T  S  N  U  I  J  G  R  I  E
K  S  D  L  S  E  D  L  N  M  C  M  X  R
D  E  S  E  R  T  R  A  B  E  A  C  H  G
O  A  D  Y  J  I  V  F  T  U  N  D  R  A
C  B  H  T  I  N  V  H  A  Z  H  T  O  O
E  L  A  K  E  S  V  E  M  L  I  J  E  G
A  G  L  A  C  I  E  R  R  X  L  C  B  C
N  V  O  L  C  A  N  O  J  W  L  B  E  Z
```

WATERFALL	SEA
HILL	MOUNTAIN
DESERT	OASIS
RIVER	OCEAN
GEYSER	SWAMP
GLACIER	PENINSULA
CAVE	BEACH
ICEBERG	TUNDRA
ISLAND	VALLEY
LAKE	VOLCANO

31 - Ristorante #2

```
A P P R S A L T F I C F V X
P F P Q O P E H I Q E O Q V
P D Z U U R O P S W W R Q C
E T J C P E A O H X B K D F
T V S H C X Q U N F I U B R
I E J A D E L I C I O U S U
Z G C I L W P H A U Q S U I
E E G R T A A E K W A X O T
R T H F B Z D T E L U N C H
W A I T E R I C E G G S Q F
N B V R F K N G L R B E Z N
R L D O K C N S P I C E S R
R E T A B B E V E R A G E X
D S G S P V R K R R M C Q Y
```

WATER	SALAD
APPETIZER	SOUP
BEVERAGE	FISH
WAITER	LUNCH
DINNER	SALT
SPOON	CHAIR
DELICIOUS	SPICES
FORK	CAKE
FRUIT	EGGS
ICE	VEGETABLES

32 - Giardino

```
I  T  L  B  T  Q  N  G  S  O  I  L  V  T
U  I  G  Q  K  D  X  H  A  H  F  T  I  D
G  G  T  F  T  Y  Q  O  K  R  O  O  N  C
R  N  R  W  E  E  D  S  B  J  A  V  E  U
F  D  A  Q  R  N  K  E  R  W  O  G  E  F
P  T  M  W  R  O  C  L  K  M  H  A  E  L
O  L  P  L  A  W  N  E  A  Z  A  R  C  O
H  I  O  R  C  H  A  R  D  P  M  D  R  W
B  L  L  D  E  R  A  K  E  S  M  E  Q  E
E  I  I  G  R  A  S  S  Z  P  O  N  D  R
N  I  N  B  U  S  H  Y  T  T  C  A  Y  W
C  A  E  A  X  D  M  V  T  P  K  L  E  G
H  U  A  W  R  T  R  E  E  X  Q  I  M  O
X  G  V  H  Z  Q  V  O  Y  U  E  L  O  C
```

TREE	BENCH
HAMMOCK	LAWN
BUSH	RAKE
GRASS	FENCE
WEEDS	POND
FLOWER	SOIL
ORCHARD	TERRACE
GARAGE	TRAMPOLINE
GARDEN	HOSE
SHOVEL	VINE

33 - Frutta

```
X U K H C B L P O K I W I D
S C B Z U B N E F R K C I Z
G K M X N E E A M V A V T U
P E A C H R C R B O Y N B I
P B W M R R T A L A N A G B
M A N G O Y A P A L Q V C E
E N P R A P R I C O T O H A
L A M A R U I N K H E C E P
O N C P Y D N E B P E A R P
N A Y E E A E A E N J D R L
P L U M K S X P R M D O Y E
E O V N Y F N P R E K M U U
F I Q T T K M L Y H G I E E
C K R A S P B E R R Y L D I
```

APRICOT
PINEAPPLE
ORANGE
AVOCADO
BERRY
BANANA
CHERRY
KIWI
RASPBERRY
LEMON

MANGO
APPLE
MELON
BLACKBERRY
NECTARINE
PAPAYA
PEAR
PEACH
PLUM
GRAPE

34 - Fattoria #2

```
E  L  F  T  X  X  C  T  D  B  V  U  Z  S
O  L  A  Z  D  P  P  F  G  O  S  G  Q  H
I  A  R  F  R  U  I  T  H  M  F  U  E  E
B  M  M  O  S  B  C  B  A  R  L  E  Y  P
W  A  E  O  G  F  S  K  N  O  E  Z  I  H
H  D  R  D  E  G  L  A  V  I  B  T  G  E
E  C  F  A  E  M  E  A  D  O  W  Y  A  R
A  C  T  C  U  X  Z  U  M  I  L  K  A  D
T  Y  O  R  C  H  A  R  D  B  A  R  N  C
G  Q  X  R  G  E  E  S  E  T  B  U  I  Y
G  X  H  T  N  S  H  E  E  P  Y  C  M  J
B  E  E  H  I  V  E  Q  G  X  Y  Y  A  S
U  I  R  R  I  G  A  T  I  O  N  K  L  C
R  R  F  J  T  R  A  C  T  O  R  I  S  S
```

LAMB	IRRIGATION
FARMER	LLAMA
BEEHIVE	MILK
DUCK	CORN
ANIMALS	GEESE
FOOD	BARLEY
BARN	SHEPHERD
FRUIT	SHEEP
ORCHARD	MEADOW
WHEAT	TRACTOR

35 - Dinosauri

```
W I N G S M V V Z H E L F O
R F H K G M I V R E V A O M
N I N Z S T C H A R O R S N
K K P N J V I F P B L G S I
S M S V N T O U T I U E I V
E N O R M O U S O V T M L O
G U E T O A S G R O I T S R
W Q M J T W M P E R O A C E
R E P T I L E M E E N I K T
S I Z E A R T H O C P L B L
P O W E R F U L Z T I R T G
B C A R N I V O R E H E E K
P R E H I S T O R I C P S Y
D I S A P P E A R A N C E A
```

WINGS
CARNIVORE
TAIL
ENORMOUS
HERBIVORE
EVOLUTION
FOSSILS
LARGE
MAMMOTH
OMNIVORE

POWERFUL
PREY
PREHISTORIC
RAPTOR
REPTILE
DISAPPEARANCE
SPECIES
SIZE
EARTH
VICIOUS

36 - Verdure

```
P U M P K I N P G T C X V E
R P P W W L P V G U U B Q G
N T K V P E A P I R C R I G
Z V O N I O N I N N U O K P
T O M A T O G S G I M C U L
P A R S L E Y A E P B C U A
P R A D I S H L R C E O H N
S O E U J W U A F L R L I T
T P T U G Z S D W T I I K I
Y U I A H C E L E R Y C F L
P Q A N T K E S H A L L O T
E Q Y R A O C A R R O T V Q
U A R T I C H O K E W X E Q
N H Z M U S H R O O M D B N
```

GARLIC	PEA
BROCCOLI	TOMATO
ARTICHOKE	PARSLEY
CARROT	TURNIP
CUCUMBER	RADISH
ONION	SHALLOT
MUSHROOM	CELERY
SALAD	SPINACH
EGGPLANT	GINGER
POTATO	PUMPKIN

37 - Scuola #2

```
S H O E S Y K F G U I M L A
C L U U R C V J N S B E G K
I I D Z S A G B N J B A B Z
E B G I L I T E R A T U R E
N R U R C O M P U T E R S D
C A B S A T E K G B G P C U
E R O R C M I V Q A A E I C
A Y O E A P M O A T M N S A
X M K A D A L A N E E C S T
G A S D E P V X R A S I O I
G T D I M E T Y U C R L R O
K H K N I R W M G H R Y S N
V J P G C F C A L E N D A R
B A C K P A C K M R B J D W
```

ACADEMIC	GRAMMAR
BUS	TEACHER
LIBRARY	LITERATURE
CALENDAR	READING
PAPER	BOOKS
COMPUTER	MATH
DICTIONARY	PENCIL
EDUCATION	SHOES
SCISSORS	SCIENCE
GAMES	BACKPACK

38 - Gentilezza

```
L  R  P  A  T  I  E  N  T  O  G  T  R  H
D  O  V  F  T  H  A  P  P  Y  O  O  E  H
R  U  V  R  O  T  G  U  U  I  D  L  C  O
O  G  H  I  I  G  E  N  U  I  N  E  E  S
U  R  V  E  N  D  N  N  A  N  A  R  P  P
R  E  E  N  J  G  T  C  T  U  Q  A  T  I
E  S  S  D  H  X  L  K  Q  I  I  N  I  T
L  P  I  L  K  A  E  E  E  I  V  T  V  A
I  E  E  Y  H  E  L  P  F  U  L  E  E  B
A  C  A  C  Z  P  H  O  N  E  S  T  F  L
B  T  A  F  F  E  C  T  I  O  N  A  T  E
L  F  G  E  N  E  R  O  U  S  J  T  S  D
E  U  N  D  E  R  S  T  A  N  D  I  N  G
H  L  V  X  A  E  P  G  V  V  N  S  B  G
```

AFFECTIONATE	GENUINE
RELIABLE	HONEST
FRIENDLY	HOSPITABLE
LOVING	PATIENT
ATTENTIVE	RECEPTIVE
UNDERSTANDING	RESPECTFUL
GENTLE	TOLERANT
HAPPY	HELPFUL
GENEROUS	

39 - Barbecue

```
G O R O N I O N S F S Y I Q
I H B D M S I X C A A M N C
F R U I T U A S I M L T V I
O C A N R V S L O I A O I F
O O T N G K U I T L D M T S
D F M E A E K G C Y S A A Y
Y L V R M N R R H S N T T Y
K N I V E S L I I W M O I T
F H N N S S U L C H Z E O J
S A U C E U N L K S E S N O
E F G X H M C K E H D M P N
X H O H C M H X N U Q F H O
G L L Z P E W P E P P E R M
Q S N X C R L V U O V H O T
```

HOT	GRILL
DINNER	SALADS
FOOD	INVITATION
ONIONS	MUSIC
KNIVES	PEPPER
SUMMER	CHICKEN
HUNGER	TOMATOES
FAMILY	LUNCH
FRUIT	SALT
GAMES	SAUCE

40 - Riempire

```
D Q K D X I A M P U O T W A
A R T R A Y I J A O W X X V
O V B A R R E L C E C N K A
V P V W S E F T K U A K E V
V A S E U N C B E K R E E W
B O X R I V V R T Y T U B T
A T W Z T E B O A C O F U U
G G D H C L R A J T N D C B
N R J J A O B A S K E T K E
W Z O I S P S J O I L J E A
Z S Z U E E Q A U O N K T C
B O T T L E F O L D E R H Z
I P N E U P H D V E S S E L
L J V B G O V G O T F X O C
```

BASIN
BARREL
BAG
BOTTLE
ENVELOPE
FOLDER
CARTON
CRATE
DRAWER
BASKET

VESSEL
PACKET
BOX
BUCKET
POCKET
TUBE
SUITCASE
TUB
VASE
TRAY

41 - Insetti

```
M A N T I S F L E A V G B C
X O I L H B W A S P S L U O
F D B A O D O R P F N B T C
U T S D R G R V V H C D T K
F U Y Y N R M A E N I U E R
T G R B E A N Q P R C D R O
A N T U T S R B O R A R F A
B T K G Z S E E R B D A L C
F E H R N H N E F U A G Y H
D R E E L O C U S T K O D A
W M O T H P K Q E N D N K W
H I S C L P F G X P L F E Y
K T I M G E A A L X J L R N
W E A R C R P C V C E Y Q S
```

APHID
BEE
HORNET
GRASSHOPPER
CICADA
LADYBUG
BEETLE
MOTH
BUTTERFLY
ANT

LARVA
DRAGONFLY
LOCUST
MANTIS
FLEA
COCKROACH
TERMITE
WORM
WASP

42 - Erboristeria

```
L B R P G A A C V Q Q W K M
A I F S A O M E F Y U G S A
V N M D C R O S E M A R Y R
E G W V U R S D N G L E B J
N R E M L B I L N Y I E A O
D E H D I L L F E X T N S R
E D C H N L D M L Y Y D I A
R I L T A R R A G O N O L M
T E A W R T H Y M E W R X G
V N D J Y N N F M R T E L A
M T G A R L I C I Z E G R R
A R O M A T I C N O R A Y D
J J Y E N Y E W T G N N F E
Z N H Z C P S A F F R O N N
```

GARLIC
DILL
AROMATIC
BASIL
CULINARY
TARRAGON
FENNEL
FLOWER
GARDEN
INGREDIENT

LAVENDER
MARJORAM
MINT
OREGANO
PARSLEY
QUALITY
ROSEMARY
THYME
GREEN
SAFFRON

43 - Danza

```
C U L T U R A L R S Z Q I Z
T P K T M C L A S S I C A L
R A C A D E M Y P Y K H P R
A C U L T U R E C M L O D H
D E X P R E S S I V E R G Y
I R E H E A R S A L J E R T
T P A R T N E R R Q O O A H
I B S P V I S U A L A G C M
O H O M O V E M E N T R E J
N A K D I S H G P J Y A T O
A K I S Y M T K S U F P G Y
L L H P R S H U V M L H I F
G E M O T I O N R P O Y T U
Q P T A M U S I C E Z A O L
```

ACADEMY
ART
CLASSICAL
PARTNER
CHOREOGRAPHY
BODY
CULTURE
CULTURAL
EMOTION
EXPRESSIVE

JOYFUL
GRACE
MOVEMENT
MUSIC
POSTURE
REHEARSAL
RHYTHM
JUMP
TRADITIONAL
VISUAL

44 - Scuola #1

```
N G K B T G P E N S I V K C
K U T C P X E T E A C H E R
Q A M B A L N E X A M S F M
Y U P B P Y C E U J A V C A
A U I C E I I E Q W V A L T
O N W Z R R L C G N H L A H
F N S R B W S P Q M M P S N
O B C W W G Z W Q I A H S Y
L D K B E M D L I B R A R Y
D D E S K R Z N L O K B O T
E C H A I R S X F O E E O P
R L U N C H O D U K R T M F
S F R I E N D S N S S D Q Z
J G S B I E K C D J L G J J
```

ALPHABET	MARKERS
FRIENDS	MATH
CLASSROOM	PENCIL
LIBRARY	NUMBERS
PAPER	PENS
FOLDERS	LUNCH
FUN	QUIZ
EXAMS	ANSWERS
TEACHER	DESK
BOOKS	CHAIR

45 - Fiori

```
B E G I O R M J J H R T O B
H G A D Z O N A I K U U Z M
P I D A I S Y S G Z S L K T
L L B Y T E M M T N K I P P
U I C I Z V G I M K O P T X
M L N O S E B N C X P L I H
E A W G Y C O E J E Z W I L
R C K A W L U P P E O N Y A
I P B R H O Q S O U L N V G
A E L D X V U C P R E Z K W
H T I E E E E C P Y C N Q E
W A L N V R T I Y G V H W Y
X L Y I D L D A F F O D I L
X T D A L A V E N D E R J D
```

GARDENIA	DAFFODIL
JASMINE	ORCHID
LILY	POPPY
HIBISCUS	PEONY
LAVENDER	PETAL
LILAC	PLUMERIA
MAGNOLIA	ROSE
DAISY	CLOVER
BOUQUET	TULIP

46 - Ecologia

```
S C V W G A U Z N I X N V H
U C L A R X W C A V M A E A
R O W I R X K V T N N T G B
V M A G M I U R U S D U E I
I M F Y M A E N R U R R T T
V U D V R A T T E S O A A A
A N I L D P R E Y T U L T T
L I V I C A G S R A G M I L
Y T E F A U N A H I H W O W
A I R L H N P L A N T S N C
R E S O U R C E S A W A G O
V S I R B M X B X B E Y S K
Y N T A Y F Q C G L O B A L
E N Y M A R I N E E M T Y U
```

CLIMATE
COMMUNITIES
DIVERSITY
FAUNA
FLORA
GLOBAL
HABITAT
MARINE
NATURE

NATURAL
MARSH
PLANTS
RESOURCES
DROUGHT
SURVIVAL
SUSTAINABLE
VARIETY
VEGETATION

47 - Discipline Scientifiche

```
M E C H A N I C S G I O F B
B E B P H Y S I O L O G Y A
U O T I M M U N O L O G Y N
A D T E O E C O L O G Y Z A
R I N A O L Z U Z I X P O T
J U Y J N R O Z B B W S O O
Z Q Y T M Y O G O U L Y L M
G L S N G W A L Y K Z C O Y
E M I N E R A L O G Y H G V
O E S O C I O L O G Y O Y A
L A C H E M I S T R Y L U N
O R E E C A S T R O N O M Y
G A A R C H A E O L O G Y Y
Y N U T R I T I O N X Y F P
```

ANATOMY
ARCHAEOLOGY
ASTRONOMY
BIOLOGY
BOTANY
CHEMISTRY
ECOLOGY
PHYSIOLOGY
GEOLOGY

IMMUNOLOGY
MECHANICS
METEOROLOGY
MINERALOGY
NUTRITION
PSYCHOLOGY
SOCIOLOGY
ZOOLOGY

48 - Scienza

```
L V L Q G X N P X E F P X S
D A T A C S A K W V O A U B
P L B F H K T T Y O R R C E
O H V O H P U I B L G T H T
B Y Y S R G R O E U A I E G
S P N S T A E H X T N C M R
E O C I I K T B P I I L I A
R T T L O C Y O E O S E C V
V H A T O M S D R N M S A I
A E M E T H O D I Y H L L T
T S Q P F C L I M A T E O Y
I I G A T M O L E C U L E S
O S L A X A M I N E R A L S
N Q F S C I E N T I S T Z O
```

ATOM
CHEMICAL
CLIMATE
DATA
EXPERIMENT
EVOLUTION
FACT
PHYSICS
FOSSIL
GRAVITY

HYPOTHESIS
LABORATORY
METHOD
MINERALS
MOLECULES
NATURE
ORGANISM
OBSERVATION
PARTICLES
SCIENTIST

49 - Acqua

```
U X A B L X M S N O W L E H
J G A B E D G K H V Z A V U
V T E U I A C I I O L K A R
M I X Y H M I M R C W E P R
D I C E S P M O R E A E O I
F R O S T E A I I A R E R C
L A I C D Y R S G N I T A A
O I C N R K B T A T V Z T N
O N W F K U S U T J E E I E
D V C Z C A N R I Q R C O T
C Y A Z U M B E O M L A N Z
M O N S O O N L N S T E A M
A R A U U W A V E S Z L D M
Z P L Q T L P H Q M F N P H
```

FLOOD	MONSOON
CANAL	SNOW
SHOWER	OCEAN
EVAPORATION	WAVES
RIVER	RAIN
FROST	DRINKABLE
GEYSER	MOISTURE
ICE	DAMP
IRRIGATION	HURRICANE
LAKE	STEAM

50 - Gatti

```
X  C  G  P  S  D  T  E  M  F  M  O  Q  P
Q  W  M  E  B  F  A  V  B  D  P  O  D  V
F  P  U  R  O  O  I  Q  E  X  N  G  B  C
K  M  S  S  T  S  L  E  E  P  Y  A  R  N
L  F  M  O  U  S  E  Z  R  L  C  L  A  W
B  T  H  N  R  F  A  S  T  A  U  G  N  I
L  R  U  A  F  U  R  H  D  Y  R  A  Z  L
U  I  N  L  F  N  Y  Y  X  F  I  H  X  D
A  I  T  I  Y  N  P  A  W  U  O  P  V  E
T  B  E  T  K  Y  V  T  F  L  U  O  Y  U
S  W  R  Y  L  B  M  X  K  G  S  T  D  A
I  E  I  N  D  E  P  E  N  D  E  N  T  P
P  H  C  R  A  Z  Y  V  V  P  E  S  O  Q
A  F  F  E  C  T  I  O  N  A  T  E  R  C
```

AFFECTIONATE	CRAZY
CLAW	FUR
HUNTER	PERSONALITY
TAIL	LITTLE
CURIOUS	WILD
FUNNY	SHY
SLEEP	MOUSE
YARN	FAST
PLAYFUL	PAW
INDEPENDENT	

51 - Surf

```
R P O P U L A R A X I O J B
E F O Y O S P Q H A U C D Y
E C E T Y T O S W I M E T X
F C S P E E D L A B E A C H
C P W E I H W V V V B N I W
P H S V D E L W E A T H E R
R W A T H L E T E Y Z H H R
S T O M A C H R L E C F O U
J V J J P S P R A Y R P U G
W R C T K I Z B F O A M N
P A D D L E O Y P H W Z A O
E X T R E M E N L X D L S R
B E G I N N E R I E S V H K
S T R E N G T H U R Z O Y U
```

ATHLETE
CHAMPION
FUN
EXTREME
CROWDS
STRENGTH
WEATHER
TO SWIM
OCEAN
WAVE

PADDLE
POPULAR
BEGINNER
FOAM
REEF
BEACH
SPRAY
STYLE
STOMACH
SPEED

52 - Imbarcazioni

```
N  E  Z  F  M  T  H  W  L  X  L  I  S  F
M  A  S  T  R  W  U  D  B  C  D  I  A  O
G  S  S  S  E  A  N  C  H  O  R  E  I  T
C  A  N  O  E  V  K  L  A  B  J  N  L  O
G  I  N  E  S  E  A  R  A  F  T  G  B  Z
U  L  L  X  Z  S  Y  F  O  K  U  I  O  N
S  O  G  Z  H  N  A  E  T  P  E  N  A  R
O  R  T  I  X  A  K  R  I  F  E  E  T  G
R  I  Z  H  D  U  V  R  O  C  E  A  N  C
Y  A  C  H  T  T  S  Y  C  M  Q  I  A  W
O  H  S  N  R  I  V  E  R  O  C  K  I  Z
B  U  O  Y  M  C  D  X  E  N  J  Z  B  V
J  Y  Z  H  J  A  J  E  W  F  W  X  Q  C
M  B  D  P  F  L  H  N  Z  T  E  V  K  Z
```

MAST	SEA
ANCHOR	TIDE
SAILBOAT	SAILOR
BUOY	ENGINE
CANOE	NAUTICAL
ROPE	OCEAN
CREW	WAVES
RIVER	FERRY
KAYAK	YACHT
LAKE	RAFT

53 - Api

```
B D F R U I T D H E W H G Z
L I P L A N T S P J A A A E
O V B S O W I N G S X B R C
S E F M P W S R B N W I D O
S R P O L L E N H K F T E S
O S M K I I A R T O G A N Y
M I A E Z L O M S U N T R S
C T Q U E E N W I N S E C T
F Y K N G U S G C P J J Y E
B E N E F I C I A L H E X M
U O V O Z A P F O O D I J G
S H Z O F R X G L L P K V Y
U T H A L X N E J M A T Y E
N N O I K N Q E P S W A R M
```

WINGS	SMOKE
HIVE	GARDEN
BENEFICIAL	HABITAT
WAX	INSECT
FOOD	HONEY
DIVERSITY	PLANTS
ECOSYSTEM	POLLEN
FLOWERS	QUEEN
BLOSSOM	SWARM
FRUIT	SUN

54 - Conservazione

```
H  H  R  G  M  E  C  O  S  Y  S  T  E  M
E  A  V  O  L  U  N  T  E  E  R  Y  D  P
A  G  B  H  R  E  C  Y  C  L  E  Z  U  T
L  E  L  I  H  D  Q  J  G  E  J  F  C  S
T  S  U  S  T  A  I  N  A  B  L  E  A  P
H  S  A  C  B  A  C  W  X  U  E  C  T  O
C  X  M  W  I  T  T  Y  A  Y  H  T  I  L
O  R  G  A  N  I  C  M  C  T  I  C  O  L
N  N  A  T  U  R  A  L  G  L  E  V  N  U
C  H  A  N  G  E  S  H  R  F  E  R  G  T
E  N  V  I  R  O  N  M  E  N  T  A  L  I
R  R  E  D  U  C  E  A  E  V  J  P  H  O
N  C  L  I  M  A  T  E  N  E  W  Y  W  N
P  E  S  T  I  C  I  D  E  Q  A  G  E  S
```

WATER	ORGANIC
ENVIRONMENTAL	PESTICIDE
CHANGES	CONCERN
CYCLE	RECYCLE
CLIMATE	REDUCE
ECOSYSTEM	HEALTH
EDUCATION	SUSTAINABLE
HABITAT	GREEN
POLLUTION	VOLUNTEER
NATURAL	

55 - Strumenti Musicali

```
M T P I A N O W L L T H S O
T A E M V W V I V O R A A D
R M R V A X L F Y H O R X R
U B C I H N G O N G M M O U
M O U O M Q D N U W B O P M
P U S L I B N O F G O N H B
E R S I H A A M L U N I O J
T I I N G N A V U I E C N Y
A N O B Q J S E T T N A E Q
Y E N E U O B O E A O U C M
C S G T D M C L A R I N E T
B A S S O O N U W R O J L D
H A R P L L B M G V T D L N
S R K Y Y K W L W D D A O M
```

HARMONICA
HARP
BANJO
GUITAR
CLARINET
BASSOON
FLUTE
GONG
MANDOLIN
MARIMBA

OBOE
PERCUSSION
PIANO
SAXOPHONE
TAMBOURINE
DRUM
TRUMPET
TROMBONE
VIOLIN
CELLO

56 - Professioni #2

```
S  B  I  O  L  O  G  I  S  T  H  S  L  I
U  I  L  L  U  S  T  R  A  T  O  R  I  N
R  P  H  I  L  O  S  O  P  H  E  R  B  V
G  I  E  N  G  I  N  E  E  R  N  F  R  E
E  L  S  G  A  R  D  E  N  E  R  T  A  N
O  O  N  U  H  I  U  S  S  L  I  O  R  T
N  T  D  I  F  S  Q  M  X  A  P  I  I  O
A  T  I  S  K  D  E  N  T  I  S  T  A  R
W  D  G  T  E  A  C  H  E  R  Z  Y  N  S
J  O  U  R  N  A  L  I  S  T  F  G  D  H
P  H  O  T  O  G  R  A  P  H  E  R  F  P
B  P  H  Y  S  I  C  I  A  N  X  F  M  U
W  P  B  Y  J  L  D  P  A  I  N  T  E  R
Z  T  I  N  V  E  S  T  I  G  A  T  O  R
```

LIBRARIAN	ENGINEER
BIOLOGIST	TEACHER
SURGEON	INVENTOR
DENTIST	INVESTIGATOR
PHILOSOPHER	LINGUIST
PHOTOGRAPHER	PHYSICIAN
GARDENER	PILOT
JOURNALIST	PAINTER
ILLUSTRATOR	

57 - Letteratura

```
D  Q  B  O  C  O  M  P  A  R  I  S  O  N
I  U  W  B  C  O  N  C  L  U  S  I  O  N
A  N  O  V  E  L  V  Z  P  S  T  M  F  W
L  A  N  A  L  Y  S  I  S  K  T  H  V  X
O  P  I  N  I  O  N  S  A  O  Q  Y  O  I
G  E  N  R  E  R  R  U  W  W  W  A  L  R
U  T  P  O  E  M  E  T  A  P  H  O  R  E
E  A  N  E  C  D  O  T  E  Y  R  E  F  L
P  U  Y  B  I  O  G  R  A  P  H  Y  Y  A
O  T  R  A  G  E  D  Y  R  H  Y  M  E  C
E  F  H  D  E  S  C  R  I  P  T  I  O  N
T  R  U  E  F  X  X  D  X  E  H  X  H  N
I  Q  C  X  M  B  U  H  H  T  M  S  Z  A
C  O  L  G  M  E  A  N  A  L  O  G  Y  U
```

ANALYSIS	METAPHOR
ANALOGY	OPINION
ANECDOTE	POEM
AUTHOR	POETIC
BIOGRAPHY	RHYME
CONCLUSION	RHYTHM
COMPARISON	NOVEL
DESCRIPTION	STYLE
DIALOGUE	THEME
GENRE	TRAGEDY

58 - Cibo #2

```
G R A P E G G P L A N T B C
C H F P C H O C O L A T E E
H T I V P S G Z B J T K H L
E U S K I L I R C C N O Z E
R B H Y Y U E I W H E A T R
R R A D O K R C T I B L K Y
Y O M M G Y B E I C F E I W
M C S S U A U T H K P D W Q
D C U Q R S C V X E S G I F
T O M A T O H B A N A N A P
O L E C T R E R Z P Z L M V
H I R G D V E E O J H Z Z C
P U B H G B S A H O F C Y Y
H B P Y R Q E D P C M I L L
```

BANANA
BROCCOLI
CHERRY
CHOCOLATE
CHEESE
MUSHROOM
WHEAT
KIWI
APPLE
EGGPLANT

BREAD
FISH
CHICKEN
TOMATO
HAM
RICE
CELERY
EGG
GRAPE
YOGURT

59 - Nutrizione

```
R R P N D A P P E T I T E E
G T G O U I B A L A N C E D
O Z L X X H G Z P D N U X I
H A D X D U W E I G H T S B
P R O T E I N S S Z H B A L
L D R L I H E A L T H Y U E
V I I T L K V T T B I S C K
V P Q S P I C E S I V O E O
E Y Q U A L I T Y T N M N L
N U T R I E N T U T O X I N
G L T T E D J Q D E K F J B
A X B W T Y S X I R Z O G O
F E R M E N T A T I O N E K
C A L O R I E S H E A L T H
```

BITTER
APPETITE
BALANCED
CALORIES
EDIBLE
DIET
DIGESTION
FERMENTATION
LIQUIDS

NUTRIENT
WEIGHT
PROTEINS
QUALITY
SAUCE
HEALTH
HEALTHY
SPICES
TOXIN

60 - Matematica

```
F E P J C B J F L R C D P Z
K R X O R B D N V E I I A P
K D A P L T F D X C R V R P
X K N C O Y D I Z T C I A H
S M P S T N G D L A U S L S
D A B B I I E O W N M I L S
E Q U A T I O N N G F O E S
C V O L U M E N T L E N L Y
I D I A M E T E R E R S U M
M P E R I M E T E R E Z S M
A N G L E S T R I A N G L E
L G E O M E T R Y C C B G T
A R I T H M E T I C E V K R
U W S Q U A R E Q V A W Q Y
```

ANGLES	PARALLEL
ARITHMETIC	PERIMETER
CIRCUMFERENCE	POLYGON
DECIMAL	SQUARE
DIAMETER	RECTANGLE
DIVISION	SYMMETRY
EQUATION	SUM
EXPONENT	TRIANGLE
FRACTION	VOLUME
GEOMETRY	

61 - Vacanza #1

```
U M B R E L L A K L G C V S
X U Q C Y S U I T C A S E D
R S D J X D T R A M K N M A
G E X P E D I T I O N I Q W
L U L A L G C U R R E N C Y
T M D A D O K Q A Z E V I E
O C E P X S E V S K W R U A
U U P U T A T G K W H Q O B
R S A D O I T I N E R A R Y
I T R L S N O I N B C T H W
S O T F W T G K O V P C L P
T M U C I F O B Q N V O T U
E S R A M L A K E L I W R U
L J E R A I R P L A N E W H
```

AIRPLANE	UMBRELLA
TO GO	DEPARTURE
CAR	RELAXATION
TICKET	EXPEDITION
CUSTOMS	TRAM
ITINERARY	TOURIST
LAKE	SUITCASE
MUSEUM	CURRENCY
TO SWIM	

62 - Meditazione

```
P  P  C  A  T  T  E  N  T  I  O  N  R  C
O  F  E  L  M  O  V  E  M  E  N  T  T  O
S  K  A  R  A  P  E  A  C  E  Z  W  G  M
T  S  I  U  S  R  M  U  S  I  C  N  S  P
U  C  M  C  F  P  I  F  E  M  I  N  D  A
R  N  A  T  U  R  E  T  N  P  F  C  M  S
E  F  M  N  S  F  L  C  Y  M  H  Z  T  S
L  H  A  H  B  R  E  A  T  H  I  N  G  I
T  H  O  U  G  H  T  S  H  I  T  F  Y  O
A  C  C  E  P  T  A  N  C  E  V  N  V  N
O  B  S  E  R  V  A  T  I  O  N  E  N  J
M  E  N  T  A  L  K  I  N  D  N  E  S  S
C  G  B  W  G  R  A  T  I  T  U  D  E  C
G  F  E  X  T  N  C  A  L  M  F  P  Y  N
```

ACCEPTANCE	MOVEMENT
ATTENTION	MUSIC
CALM	NATURE
CLARITY	OBSERVATION
COMPASSION	PEACE
KINDNESS	THOUGHTS
GRATITUDE	POSTURE
MENTAL	PERSPECTIVE
MIND	BREATHING

63 - Estate

```
R B G A M E S U X H M F R M
A E V F L P N A G M K R I R
V A L R A I F U F T C I H Z
U C V A C A T I O N A E O Y
G H J G X Y X L O L M N M V
L O T R A A S F D T P D E B
M U S I C R T P U E I S B A
S H F V M C D I V I N G P S
A T R A V E L E O I G S R T
N P H Z M C B F N N X E B A
D F Q R O I B O O K S A P R
A J H I C W L E I S U R E S
L O J K T V A Y O A S F U D
S Y U K I Q M E M O R I E S
```

FRIENDS	SEA
CAMPING	MUSIC
HOME	MEMORIES
FOOD	RELAXATION
FAMILY	SANDALS
GARDEN	BEACH
GAMES	STARS
JOY	LEISURE
DIVING	VACATION
BOOKS	TRAVEL

64 - Escursionismo

```
W  I  L  D  T  C  A  M  P  I  N  G  T  M
C  H  X  U  U  I  S  U  M  M  I  T  B  T
K  C  E  I  F  U  R  L  O  K  C  D  Y  Y
M  L  M  C  A  S  S  E  V  A  F  W  O  M
Z  I  A  F  G  G  U  I  D  E  S  V  R  R
H  M  I  E  N  H  N  A  T  U  R  E  I  H
P  A  J  W  C  O  N  J  A  T  S  C  E  E
W  T  Z  C  L  I  F  F  N  B  T  N  N  A
A  E  P  A  M  A  P  T  I  P  O  O  T  V
T  Q  F  J  R  J  H  C  M  A  N  O  A  Y
E  R  H  K  Y  D  H  R  A  R  E  I  T  A
R  S  D  E  I  B  S  I  L  K  S  D  I  S
M  O  U  N  T  A  I  N  S  S  U  P  O  V
P  R  E  P  A  R  A  T  I  O  N  A  N  W
```

WATER	HAZARDS
ANIMALS	HEAVY
CAMPING	STONES
CLIMATE	PREPARATION
GUIDES	CLIFF
MAP	WILD
MOUNTAIN	SUN
NATURE	TIRED
ORIENTATION	BOOTS
PARKS	SUMMIT

65 - Professioni #1

```
M A P D A N C E R O Z A F W
N U T H V O P L U M B E R K
U H S T A M B A S S A D O R R
R K Y I O R I R B Y L I G A
S C A T C R M T U D H T E S
E B I C B I N A I O D O O T
W O B V F E A E C X A R L R
U R A Q Z A M N Y I V A O O
H U N T E R P J I T S Y G N
D L K C O A C H G O D T I O
Y O E S C I E N T I S T S M
U G R A R T I S T P X Q T E
C A R T O G R A P H E R C R
J E W E L E R P I A N I S T
```

COACH
AMBASSADOR
ARTIST
ASTRONOMER
ATTORNEY
DANCER
BANKER
HUNTER
CARTOGRAPHER

EDITOR
PHARMACIST
GEOLOGIST
JEWELER
PLUMBER
NURSE
MUSICIAN
PIANIST
SCIENTIST

66 - Antartide

```
U P G W Y B I O X T B R C U
U R S H S I I J X T B E O T
I O Z A M I N E R A L S N P
S C Y L D L Q Y E Z Y E S Q
L K P E N I N S U L A A E S
S Y I S L A N D S I D R R C
E X P E D I T I O N I C V I
I W E W L C B I G A W H A E
G L A C I E R S C G U E T N
L B P S P V W A T E R R I T
W C L O U D S B A Y O F O I
T E M P E R A T U R E X N F
M I G R A T I O N F D Q R I
E N V I R O N M E N T Q K C
```

WATER   MINERALS
ENVIRONMENT   CLOUDS
BAY   PENINSULA
WHALES   RESEARCHER
CONSERVATION   ROCKY
GLACIERS   SCIENTIFIC
ICE   EXPEDITION
ISLANDS   TEMPERATURE
MIGRATION

67 - Libri

```
C I C K H A F P Z P N T C C
S H Q Q I U J R M O O R W O
X U W O S T O R Y E V A V L
I M P S T H A D J T E G M L
R O Q E O O E R Y R L I X E
Y R L R R R M N J Y O C R C
D O X I I N V E N T I V E T
S U P E C O N T E X T G L I
R S A S A D V E N T U R E O
E T G L L I T E R A R Y V N
A P E C I W R I T T E N A U
D J I S D T D F V F F G N Q
E B B C I X Y C U P F W T O
R N A R R A T O R U L N P N
```

AUTHOR
ADVENTURE
COLLECTION
CONTEXT
DUALITY
EPIC
INVENTIVE
LITERARY
READER
NARRATOR

PAGE
POETRY
RELEVANT
NOVEL
WRITTEN
SERIES
STORY
HISTORICAL
TRAGIC
HUMOROUS

68 - Geografia

```
A  C  O  N  T  I  N  E  N  T  M  L  M  A
T  Y  O  S  S  R  M  S  A  S  E  A  P  L
L  C  G  U  O  T  A  V  N  O  R  T  H  T
A  N  R  V  N  U  P  C  W  J  I  I  E  I
S  W  T  T  S  T  T  L  C  W  D  T  M  T
R  E  G  I  O  N  R  H  I  O  I  U  I  U
R  S  K  H  O  A  W  Y  T  R  A  D  S  D
T  T  W  W  Y  E  G  T  Y  L  N  E  P  E
L  O  N  G  I  T  U  D  E  D  R  O  H  E
J  M  D  L  S  J  O  F  D  R  M  Z  E  J
Q  H  G  M  L  H  N  L  N  A  I  N  R  Z
C  O  S  K  A  P  W  P  J  F  P  V  E  O
U  A  V  D  N  Z  K  J  P  R  G  E  E  Q
Y  R  L  W  D  M  O  U  N  T  A  I  N  R
```

ALTITUDE	SEA
ATLAS	MERIDIAN
CITY	WORLD
CONTINENT	MOUNTAIN
HEMISPHERE	NORTH
RIVER	WEST
ISLAND	COUNTRY
LATITUDE	REGION
LONGITUDE	SOUTH
MAP	

69 - Cibo #1

```
E G S U G A R O S S W M O C
F P A T U N A N D N A I A P
W H E U R L T I A B J L X D
J E U R C A N O W A U K A R
G Z C N B A W N V S I U G D
A D I I A G K B P I C W A K
R H N P R I K E E L E P Y S
L E N E L N S C A R R O T P
I Z A L E M O N R Z R U U I
C S M E Y I M E A T D Y Z N
U A O J N N R N Y L S B H A
Q L N I O T U N H W K S O C
Z T K R P Q X X X Z C O D H
O M U G K Q Z T W O Y D O W
```

GARLIC
BASIL
CINNAMON
MEAT
CARROT
ONION
STRAWBERRY
SALAD
MILK
LEMON

MINT
BARLEY
PEAR
TURNIP
SALT
SPINACH
JUICE
TUNA
CAKE
SUGAR

70 - Aeroplani

```
C T N D H B P P A S Q X M N
O E P E I A A L T I T U D E
N P O S S L S A M H R D J N
S U I C T L S N O E Y I J G
T K I E O O E D S I N R H I
R X Y N R O N I P G G E P N
U K N T Y N G N H H Z C I E
C F U E L C E G E T A T L E
T A O G T B R J R N L I O I
I J H Y D R O G E N Z O T J
O R A D V E N T U R E N Z G
N A V I G A T E Z H E U H T
C R E W T U R B U L E N C E
G F J F X R H E B L P X X N
```

HEIGHT
ALTITUDE
AIR
ATMOSPHERE
LANDING
ADVENTURE
FUEL
SKY
CONSTRUCTION
DIRECTION

DESCENT
CREW
HYDROGEN
ENGINE
NAVIGATE
BALLOON
PASSENGER
PILOT
HISTORY
TURBULENCE

71 - Pirati

```
D S W C R E W M B K J I E Y
U C W Z A L E G E N D S T Z
J A U O J P L F X T E L F P
W R K X R J T T F H V A R R
B E A C H D C A M P B N J A
A Z N Y Z K C O I N S D Q D
D E C C M L O F Y N D C G V
M F H O J M M A P A A B P E
K L O D T D P D R W C V K N
P A R R O T A C A V E B H T
K G H O L D S N U M M H I U
C W E X I N S Z G O L D R R
T R E A S U R E S E J M U E
B H T A S R C Z K L R D M L
```

ANCHOR	LEGEND
ADVENTURE	MAP
FLAG	COINS
COMPASS	GOLD
CAPTAIN	PARROT
BAD	DANGER
SCAR	RUM
CREW	SWORD
CAVE	BEACH
ISLAND	TREASURE

72 - Colori

```
I  I  P  H  A  H  B  R  E  D  H  Y  D  F
S  N  H  R  U  V  L  A  Z  U  R  E  I  U
E  V  D  U  H  M  A  G  E  N  T  A  U  C
P  W  H  I  T  E  C  R  I  M  S  O  N  H
I  M  C  I  G  E  K  G  H  J  K  T  B  S
A  T  Q  I  R  O  C  B  R  O  W  N  R  I
C  Y  A  N  E  M  V  L  B  E  I  G  E  A
F  I  A  P  Y  X  M  U  R  P  E  I  O  T
S  F  Z  L  I  X  T  E  H  P  N  N  D  D
Y  F  K  D  N  M  Y  U  X  Y  G  A
Y  E  L  L  O  W  K  C  O  R  A  N  G  E
A  Y  G  H  I  I  N  M  A  P  Z  Y  V  D
K  U  H  M  K  H  Y  Q  C  L  A  H  L  B
Z  G  I  P  D  H  S  G  Q  E  Q  E  G  M
```

ORANGE	INDIGO
AZURE	MAGENTA
BEIGE	BROWN
WHITE	BLACK
BLUE	PINK
CYAN	RED
CRIMSON	SEPIA
FUCHSIA	GREEN
YELLOW	PURPLE
GREY	

73 - Spiaggia

```
S U N T L T D I K P W Q U C
A E I S L A N D I A Z Y M O
N O A A A I T I I R K U B A
D C S N G X P O D O C K R S
V E A D O R T C S K M S E T
A A I A O B O A T W I F L E
C N L N L W C G O I I L U
A K B S I U E R E E F M A F
T T O M V E L A V B A R C I
I Q A M M Z Z B J M P M I I
O O T Z E Q B Q H L E H O A
N A Y Q G D O L P A A I V V
P U R X X M I B J P K G U G
S I V B K H X M N E N Z N I
```

TOWEL
BOAT
SAILBOAT
BLUE
COAST
DOCK
CRAB
ISLAND
LAGOON

SEA
TO SWIM
OCEAN
UMBRELLA
SAND
SANDALS
REEF
SUN
VACATION

74 - Avventura

```
D I O N H Z K C Y T N T I L
E A E P A J A K R R A R T Z
S P N B P V Q K M O T A I I
T R T G B O I N E W U V N D
I E H D E H R G S N R E E I
N P U I A R C T A J E L R L
A A S F U J O Y U T H S A F
T R I F T S L U K N I A R R
I A A I Y E R P S E I O Y I
O T S C U N U S U A L T N E
N I M U F P B R A V E R Y N
E O K L A C T I V I T Y Y D
R N B T C H A L L E N G E S
G W N Y E S A F E T Y H V X
```

FRIENDS
ACTIVITY
BEAUTY
BRAVERY
DESTINATION
DIFFICULTY
ENTHUSIASM
JOY
UNUSUAL
ITINERARY

NATURE
NAVIGATION
NEW
OPPORTUNITY
DANGEROUS
PREPARATION
CHALLENGES
SAFETY
TRAVELS

75 - Forme

```
A  S  Q  U  A  R  E  T  Y  Z  C  S  G  B
R  Q  R  F  Y  O  D  Y  S  S  U  Y  J  K
C  O  N  E  N  O  G  P  B  P  R  I  S  M
R  B  L  C  Q  A  E  D  G  H  V  Y  X  K
O  K  E  W  E  C  S  I  D  E  E  N  C  Y
L  E  B  Q  L  H  Y  P  E  R  B  O  L  A
P  O  L  Y  G  O  N  L  E  E  O  B  K  P
C  U  B  E  Y  U  E  P  I  O  V  A  L  V
I  E  L  L  I  P  S  E  Y  N  P  T  I  B
R  E  C  T  A  N  G  L  E  R  D  R  N  D
C  O  R  N  E  R  L  G  N  K  A  E  P  P
L  T  R  I  A  N  G  L  E  B  A  M  R  A
E  A  I  M  Z  Z  I  D  S  O  Q  C  I  A
I  F  U  S  W  A  V  L  Y  H  V  D  J  D
```

CORNER	SIDE
ARC	LINE
EDGES	OVAL
CIRCLE	PYRAMID
CYLINDER	POLYGON
CONE	PRISM
CUBE	SQUARE
CURVE	RECTANGLE
ELLIPSE	SPHERE
HYPERBOLA	TRIANGLE

76 - Oceano

```
T  J  P  Z  N  G  F  I  S  H  R  D  S  S
I  U  E  E  L  G  F  R  R  N  E  O  E  H
D  E  R  L  S  T  M  O  S  T  E  L  G  A
E  I  A  T  L  B  O  A  T  U  F  P  T  R
S  K  Q  X  L  Y  O  A  O  N  O  H  N  K
S  P  O  N  G  E  F  C  R  A  B  I  G  P
W  A  V  E  S  H  R  I  M  P  I  N  L  X
H  O  L  G  U  O  Y  F  S  G  B  N  X  T
A  O  C  T  O  P  U  S  Q  H  Z  X  S  B
L  O  Y  S  T  E  R  C  D  H  Y  M  B  D
E  V  K  L  N  O  A  C  Y  Q  O  N  Q  F
G  N  D  F  D  U  U  W  M  P  B  N  W  T
C  J  Y  Q  C  O  R  A  L  J  Z  J  O  V
R  C  K  O  I  O  Y  H  Y  P  G  D  F  J
```

EEL	OYSTER
WHALE	FISH
BOAT	OCTOPUS
CORAL	SALT
DOLPHIN	REEF
SHRIMP	SPONGE
CRAB	SHARK
TIDES	TURTLE
JELLYFISH	STORM
WAVES	TUNA

77 - Famiglia

```
L  P  H  F  G  G  C  I  F  N  F  G  G  S
N  W  D  M  F  H  B  T  B  E  A  R  R  I
F  Y  B  Y  E  Z  R  Z  M  P  T  A  A  S
C  H  I  L  D  H  O  O  D  H  H  N  N  T
M  O  T  H  E  R  T  Z  O  E  E  D  D  E
U  N  C  L  E  A  H  W  O  W  R  F  M  R
W  R  L  L  C  O  E  I  I  A  M  A  O  M
C  U  Y  J  I  A  R  F  H  N  J  T  T  A
C  O  U  S  I  N  K  E  U  C  S  H  H  T
P  A  T  E  R  N  A  L  S  E  A  E  E  E
C  H  I  L  D  R  E  N  B  S  U  R  R  R
D  A  U  G  H  T  E  R  A  T  N  C  V  N
D  S  V  J  L  C  C  B  N  O  T  C  S  A
C  H  I  L  D  V  W  O  D  R  X  L  I  L
```

ANCESTOR	MATERNAL
CHILDREN	WIFE
CHILD	NEPHEW
COUSIN	GRANDMOTHER
DAUGHTER	GRANDFATHER
BROTHER	FATHER
TWINS	PATERNAL
CHILDHOOD	SISTER
MOTHER	AUNT
HUSBAND	UNCLE

78 - Veicoli

```
I W B X L C A R A V A N T S
T A X I T V E M O T O R R R C
V R N L Z T X L Z C D H U O
B O A T R A C T O R K F C O
U R B I C Y C L E T N E K T
S A X R N A T Q I J S R T E
G F R E I K L E L S U R A R
R T Z S W A C A R X B Y I S
H E L I C O P T E R M Z R O
B U L K Z Q S U B W A Y P R
A M B U L A N C E M R H L X
F P N B G S T K H M I U A S
O T M E N Y R D I E N X N Y
W G G U A P A P P H E S E V
```

AIRPLANE	MOTOR
AMBULANCE	TIRES
CAR	ROCKET
BUS	SCOOTER
BOAT	SUBMARINE
BICYCLE	TAXI
TRUCK	FERRY
CARAVAN	TRACTOR
HELICOPTER	TRAIN
SUBWAY	RAFT

79 - Emozioni

```
S  N  I  S  Y  M  P  A  T  H  Y  P  T  T
A  G  R  A  T  E  F  U  L  A  N  G  E  R
D  D  E  T  U  M  S  Q  R  O  Q  P  N  A
N  P  L  I  Y  B  L  I  S  S  V  D  D  N
E  N  A  S  D  A  F  E  A  R  S  E  E  Q
S  B  X  F  S  R  B  J  D  E  C  X  R  U
S  M  E  I  O  R  C  P  D  O  K  C  N  I
H  R  D  E  X  A  K  O  F  E  P  I  E  L
N  R  G  D  B  S  V  S  N  R  N  T  S  I
J  P  X  C  N  S  B  U  J  T  B  E  S  T
C  A  L  M  P  E  A  C  E  O  E  D  G  Y
J  T  K  I  N  D  N  E  S  S  Y  N  Y  J
B  O  R  E  D  O  M  A  X  I  M  H  T  V
O  G  R  E  S  U  R  P  R  I  S  E  Z  K
```

LOVE	PEACE
BLISS	FEAR
CALM	ANGER
CONTENT	RELAXED
EXCITED	SYMPATHY
KINDNESS	SATISFIED
JOY	SURPRISE
GRATEFUL	TENDERNESS
EMBARRASSED	TRANQUILITY
BOREDOM	SADNESS

80 - Natura

```
O Y L B D B F O G N N G T B
S B Q Z X B O W B F Q L R E
Y E H V M C L O E L V A O E
G R R O S V I D M H Z C P S
R L S E A B A U E C U I I E
C S I D N B G B I S S E C R
D E S T C E E A E J E R A O
M O U N T A I N S A Y R L S
N R M Q U R V I T T U H T I
W I L D A C I M Z D L T T O
Y V S O R T T A M E G W Y N
X E R I Y I A L F O R E S T
J R N S A C L S H E L T E R
D Y N A M I C L O U D S Y W
```

ANIMALS	GLACIER
BEES	MOUNTAINS
ARCTIC	FOG
BEAUTY	CLOUDS
DESERT	SHELTER
DYNAMIC	SANCTUARY
EROSION	WILD
RIVER	SERENE
FOLIAGE	TROPICAL
FOREST	VITAL

81 - Balletto

```
W R K T R Z M U S I C U L M
P E A U D I E N C E Z G B U
C H P S K G R A C E F U L S
H E P K T Q X P O X A M P C
O A L I G Y Z C M P R N Z L
R R A L V H L T P R T Q X E
E S U L Q U D E O E I X A S
O A S E Z D A Z S S S D S S
G L E F E O N G E S T U R E
R H Y T H M C K R I I J P Z
A B U C M A E Q R V C N C B
P Q D X H O R C H E S T R A
H I N T E N S I T Y E C Y U
Y K N R P R A C T I C E N C
```

SKILL
APPLAUSE
ARTISTIC
DANCERS
COMPOSER
CHOREOGRAPHY
EXPRESSIVE
GESTURE
GRACEFUL

INTENSITY
MUSCLES
MUSIC
ORCHESTRA
PRACTICE
REHEARSAL
AUDIENCE
RHYTHM
STYLE

82 - Castelli

```
K U N I C O R N E P P T Q Z
F N A S Q J O P M R R O M H
U O I Q I A B S K I I W E V
C B R G R R U Y J N N E V M
R L W T H O R S E C C R E Z
O E M G R T L D P E E R E C
W M G V L E D Y N A S T Y A
N P W Y L Y S R B H S A K T
Z I A W Y S W S A K J K I A
M R L I Z H O U R G X S N P
I E L L C I R X D A O S G U
A R M O R E D Y I X Z N D L
F E U D A L P A L A C E O T
O H D D C D F P D D J F M F
```

ARMOR   NOBLE
CATAPULT   PALACE
KNIGHT   WALL
HORSE   PRINCE
CROWN   PRINCESS
DYNASTY   KINGDOM
DRAGON   SHIELD
FEUDAL   SWORD
FORTRESS   TOWER
EMPIRE   UNICORN

83 - Foresta Pluviale

```
V B P R S K S J C I H B Q N
I A C E D V A U F L P B U D
N A L F Y I O N R R O J L C
S M I U N P I G U V X U E D
E P M G A J X L A R I U D W
C H A E T B M E Y P X V G S
T I T U U X L B I R D S A W
S B E D R G R E S P E C T L
P I L J E B O T A N I C A L
E A R E S T O R A T I O N C
C N Z H I D I V E R S I T Y
I S P R E S E R V A T I O N
E I N D I G E N O U S R P Y
S C O M M U N I T Y M O S S
```

AMPHIBIANS
BOTANICAL
CLIMATE
COMMUNITY
DIVERSITY
JUNGLE
INDIGENOUS
INSECTS
MOSS
NATURE

CLOUDS
PRESERVATION
VALUABLE
RESTORATION
REFUGE
RESPECT
SURVIVAL
SPECIES
BIRDS

84 - Edifici

```
G G H H W T H E A T E R T P
K S B I C E M B A S S Y O H
S T A D I U M U S E U M W S
L F R V N A C C A B I N E C
R A N U E F P A F F G C R H
T C B H M N I A S L S K V O
E T E O A B G T R T W M S O
N O H S R O J T R T L J G L
T R O P S A J Q Y P M E X B
R Y S I H W T V E R U E H G
U C T T C O H O T E L E N F
V O E A E Y M G R X O N D T
H I L L C S M H F Y F I P C
S O B S E R V A T O R Y H C
```

EMBASSY

APARTMENT

CABIN

CASTLE

CINEMA

FACTORY

BARN

HOTEL

LABORATORY

MUSEUM

HOSPITAL

OBSERVATORY

HOSTEL

SCHOOL

STADIUM

THEATER

TENT

TOWER

85 - Paesi #2

```
M Q Z T T Z I G D W D O N Y
N U L H B H N Y H L Y U P J
D E M X F S D J A P A N Q A
E E P K H W O U I S Q O B M
N T Y A E A N P T O H X S A
M K H O L M E X I C O O Y I
A I C I R U S S I A Z F R C
R D Q K O W I L I B E R I A
K J A Z T P A L B A N I A U
K M E P A K I S T A N E N G
C R H T S U D A N B G D Z A
G R E E C E I R E L A N D N
F B O S U K R A I N E D C D
C N I G E R I A Y K X A Z A
```

ALBANIA	LIBERIA
DENMARK	MEXICO
ETHIOPIA	NEPAL
JAMAICA	NIGERIA
JAPAN	PAKISTAN
GREECE	RUSSIA
HAITI	SYRIA
INDONESIA	SUDAN
IRELAND	UKRAINE
LAOS	UGANDA

86 - Tipi di Capelli

```
E  N  I  C  U  L  J  S  O  F  T  D  S  H
K  C  E  H  I  G  K  I  G  F  H  R  M  S
H  U  L  F  H  B  X  L  R  U  I  Y  O  H
B  R  A  I  D  E  D  V  A  B  C  B  O  O
A  L  V  C  M  U  L  E  Y  K  K  R  T  R
L  S  E  R  T  Q  L  R  W  W  S  A  H  T
D  F  C  B  W  H  I  T  E  C  C  I  E  P
Q  D  I  O  L  U  F  H  L  U  I  D  A  C
A  I  W  H  L  O  I  I  P  R  L  S  L  C
B  S  N  A  L  O  N  N  C  L  G  P  T  K
R  L  L  Z  O  N  R  D  T  Y  O  G  H  W
O  N  A  M  N  N  O  E  S  W  P  L  Y  J
W  Q  L  C  G  M  T  I  D  I  T  O  C  A
N  P  X  U  K  F  A  O  C  S  W  W  S  A
```

SILVER	LONG
DRY	BROWN
WHITE	SOFT
BLOND	BLACK
SHORT	CURLY
BALD	CURLS
COLORED	HEALTHY
GRAY	THIN
BRAIDED	THICK
SMOOTH	BRAIDS

87 - Vestiti

```
F  L  K  V  C  B  I  P  Z  Y  L  Z  U  W
A  Y  J  A  L  M  W  G  Q  M  V  X  H  W
S  C  A  R  F  B  J  A  C  K  E  T  K  D
H  H  X  M  N  K  E  P  I  O  Y  A  O  G
I  K  D  R  E  L  A  R  D  U  A  V  S  U
O  I  F  D  C  S  N  O  R  R  N  T  W  B
N  R  O  F  K  H  S  N  E  S  K  I  R  T
G  H  A  T  L  O  V  S  S  H  I  R  T  O
N  L  S  A  A  E  I  W  S  C  P  U  T  K
D  J  O  J  C  W  P  E  B  L  O  U  S  E
U  B  B  V  E  Y  S  A  N  D  A  L  S  G
B  R  A  C  E  L  E  T  N  H  A  S  J  D
K  V  M  S  D  S  B  E  L  T  Y  S  R  V
P  A  J  A  M  A  S  R  T  A  S  E  O  D
```

DRESS	APRON
BRACELET	GLOVES
BLOUSE	JEANS
SHIRT	SWEATER
HAT	FASHION
COAT	PANTS
BELT	PAJAMAS
NECKLACE	SANDALS
JACKET	SHOE
SKIRT	SCARF

88 - Attività e Tempo Libero

```
P U J P C T R A V E L K F H
A O X I A R T M F W Y M P C
I B C K M R T B H I K I N G
N C H B P B A S E B A L L R
T U S L I S U Z U G O L F R
I F P O N Y W H T R K D V K
N I C O G M A I M O F P E N
G S H F W Z F P M D F I W C
S H O P P I N G T M P J N W
O I B O X I N G B E I K D G
C N B D I V I N G P N N C T
C G I B U R E L A X I N G Q
E F E G A R D E N I N G I M
R V S V O L L E Y B A L L S
```

ART
BASEBALL
BOXING
SOCCER
CAMPING
HIKING
GARDENING
GOLF
HOBBIES
DIVING

SWIMMING
VOLLEYBALL
FISHING
PAINTING
RELAXING
SHOPPING
SURFING
TENNIS
TRAVEL

89 - Tecnologia

```
G Q D J M A S N Q J E G B G
V R I Q E Y V Z S H C I R R
I F G C S K U S E C U O O R
R B I G S U F J C A R R W Y
U B T P A Y U C U M S E S B
S L A C G U P Y R E O L E I
F O L B E C Q J I R R K R N
Q G F Y P M O T T A C D Q T
E O I T E D Q M Y B T L F E
O S L E W D X K P D S J O R
Q R E S E A R C H U V M N N
J S O H A T R R K O T D T E
V I R T U A L E C W C E K T
S T A T I S T I C S V Y R G
```

BLOG
BROWSER
BYTES
COMPUTER
CURSOR
DATA
DIGITAL
FILE
FONT
INTERNET

MESSAGE
RESEARCH
SCREEN
SECURITY
SOFTWARE
STATISTICS
CAMERA
VIRTUAL
VIRUS

90 - Arte

```
O  C  Z  M  W  V  H  N  S  P  P  S  L  C
O  R  O  C  H  D  O  S  U  A  E  C  K  D
E  E  I  N  R  V  N  Y  B  I  R  U  H  S
I  A  J  G  M  L  E  M  J  N  S  L  C  B
V  T  L  F  I  R  S  B  E  T  O  P  O  P
F  E  S  E  F  N  T  O  C  I  N  T  M  O
F  I  A  A  V  C  A  L  T  N  A  U  P  R
E  P  G  P  H  K  S  L  N  G  L  R  L  T
V  O  S  U  G  G  M  F  S  S  M  E  E  R
T  E  X  P  R  E  S  S  I  O  N  O  X  A
F  T  K  E  C  E  R  A  M  I  C  R  O  Y
N  R  Z  A  N  X  H  J  P  N  A  U  B  D
A  Y  S  U  R  R  E  A  L  I  S  M  Q  L
I  N  S  P  I  R  E  D  E  P  L  C  E  E
```

CERAMIC	PERSONAL
COMPLEX	POETRY
CREATE	PORTRAY
PAINTINGS	SCULPTURE
EXPRESSION	SIMPLE
FIGURE	SYMBOL
INSPIRED	SUBJECT
HONEST	SURREALISM
ORIGINAL	MOOD

91 - Meteo

```
L  D  L  T  E  W  E  C  L  O  U  D  P  Z
P  R  F  O  G  F  Y  D  L  L  T  Q  O  R
M  O  N  S  O  O  N  X  Z  I  E  M  L  E
V  U  T  R  P  V  I  H  M  G  M  R  A  B
K  G  S  R  V  U  Q  U  F  H  P  A  R  M
O  H  T  K  O  N  S  R  F  T  E  I  T  Y
Y  T  O  C  Y  P  D  R  Y  N  R  N  T  E
E  I  R  S  K  T  I  I  B  I  A  B  H  K
V  E  M  B  O  A  U  C  B  N  T  O  U  V
T  O  R  N  A  D  O  A  A  G  U  W  N  N
U  I  C  E  B  B  F  N  B  L  R  I  D  D
O  C  A  Q  O  B  R  E  E  Z  E  N  E  T
A  T  M  O  S  P  H  E  R  E  I  D  R  M
T  O  G  T  A  G  U  I  L  A  B  Y  T  G
```

RAINBOW	CLOUD
DRY	POLAR
ATMOSPHERE	DROUGHT
BREEZE	TEMPERATURE
SKY	STORM
CLIMATE	TORNADO
LIGHTNING	TROPICAL
ICE	THUNDER
MONSOON	HURRICANE
FOG	WIND

92 - Corpo Umano

```
D G C B S P Q A L H F S I B
U C H L W G Y K S E A B Z Q
Y R I O V L G L E A C N W G
N P N Q V E E P R E E D B
L V O P Q G J I L T F C D N
A N S H O U L D E R O K Q N
S N E A R S T O M A C H H T
E F K M O U T H R E S O E Z
L L N L P S Y V F V K I A T
B D E H E B R A I N I Q D U
O C E Q Y Y S A N Y N Q F J
W U W M V M E A G B L O O D
T M J Z X N I A E E T Y S G
B K A D M T D X R W A V P B
```

MOUTH	HAND
ANKLE	CHIN
BRAIN	NOSE
NECK	EYE
HEART	EAR
FINGER	SKIN
FACE	BLOOD
LEG	SHOULDER
KNEE	STOMACH
ELBOW	HEAD

93 - Mammiferi

```
C L I O N M G C W W S B W Z
K B E A R S I O D O H M B T
W A X J J J R Y Z L E A U Y
N M N C X I A O E F E W L S
D O G G A E F T B O P O L E
E N Q D A T F E R X W E U G
E K J A W R E R A B B I T O
R E M D X Z O H O R S E D R
V Y B V G P U O Y O P A O I
A K R X S B I W S B B Y L L
Z G A W Y D X Y C Q K E P L
C C H A M A U Z N W D Y H A
Z C V U D F L K F S I I G
F K H X I F E L E P H A N T
```

WHALE
DOG
KANGAROO
HORSE
DEER
RABBIT
COYOTE
DOLPHIN
ELEPHANT
CAT

GIRAFFE
GORILLA
LION
WOLF
BEAR
SHEEP
MONKEY
BULL
FOX
ZEBRA

94 - Arrampicata

```
X  A  L  T  I  T  U  D  E  S  J  X  W  T
Q  H  I  K  I  N  G  R  B  V  R  N  P  P
Y  S  E  P  G  W  J  G  U  I  D  E  S  A
Q  C  S  V  G  O  I  U  T  M  R  M  A  P
P  K  G  S  P  K  S  T  R  E  N  G  T  H
S  T  A  B  I  L  I  T  Y  Y  H  C  M  Y
C  C  H  A  L  L  E  N  G  E  S  U  O  S
G  A  O  O  E  N  U  D  Y  Z  Q  R  S  I
L  L  V  J  U  G  A  K  I  Y  P  I  P  C
O  X  P  E  D  W  R  L  B  I  O  H  A
V  T  E  R  R  A  I  N  R  O  V  S  E  L
E  T  R  A  I  N  I  N  G  O  F  I  R  M
S  M  N  E  H  E  L  M  E  T  W  T  E  R
T  U  W  E  X  P  E  R  T  S  C  Y  G  L
```

ALTITUDE	GLOVES
ATMOSPHERE	GUIDES
HELMET	INJURY
CURIOSITY	MAP
HIKING	CHALLENGES
EXPERT	STABILITY
PHYSICAL	BOOTS
TRAINING	NARROW
STRENGTH	TERRAIN
CAVE	

95 - Animali Domestici

```
T G P U P P Y F L W A T E R
H O K W T A F J I Z U G G W
P A W S A R U Y Z S H D I O
T T M M I R L E A S H B P G
P O E S L O B E R Q E B T B
C X W Z T T Z O D A S R Z C
N M A F I E E F O O D A E U
K I T T E N R C G K W B S M
M C A T E V S U X Z A B F T
I O T U R T L E D M Q I Z V
C L U A T T I L A A R T S C
J L J S W C Q Q S Z Z H C O
D A T Y E L Q G B K T O S W
O R V E T E R I N A R I A N
```

WATER	CAT
DOG	LEASH
GOAT	LIZARD
FOOD	COW
TAIL	PARROT
COLLAR	FISH
RABBIT	TURTLE
HAMSTER	MOUSE
PUPPY	VETERINARIAN
KITTEN	PAWS

96 - Cucina

```
J  G  D  T  O  R  F  O  R  K  S  S  S  A
U  U  H  F  H  E  O  R  R  P  F  Z  P  P
G  Z  Y  D  G  F  O  D  E  R  V  Q  O  R
D  R  Q  U  H  R  D  V  R  E  I  N  N  O
F  D  I  K  N  I  V  E  S  C  Z  D  G  N
D  C  B  L  N  G  Y  G  P  I  Q  E  E  D
I  O  A  I  L  E  K  I  O  P  U  K  R  F
R  L  L  C  I  R  Z  L  O  E  P  U  G  K
B  C  O  M  T  A  J  R  N  A  P  K  I  N
L  U  V  Y  B  T  Z  N  S  P  I  C  E  S
A  P  E  C  H  O  P  S  T  I  C  K  S  F
D  S  N  N  A  R  W  K  E  T  T  L  E  J
L  O  P  J  G  F  D  L  V  K  M  W  V  A
E  N  K  L  T  K  N  S  U  W  M  A  N  R
```

CHOPSTICKS	REFRIGERATOR
KETTLE	APRON
JUG	GRILL
FOOD	LADLE
BOWL	RECIPE
KNIVES	SPICES
FREEZER	SPONGE
SPOONS	CUPS
FORKS	NAPKIN
OVEN	JAR

97 - Vacanze #2

```
F H Q W L B H G F E V F V U
L O V R A E A J J F O T I W
E L R N T A X I J A S M S V
I I P E F C A M P I N G A L
S D A U I H U Y V R T W M P
U A S O S G C F T P T E N T
R Y S J L H N P H O T O S J
E T P O A O K E M R N C D D
T R O U N T N M R T L S P R
P A R R D E G I P C Q X E D
A I T N O L Z C C E G U N A
W N D E S T I N A T I O N H
C D F Y M O U N T A I N S V
R E S T A U R A N T V K C S
```

AIRPORT   RESTAURANT
CAMPING   BEACH
DESTINATION   FOREIGNER
PHOTOS   TAXI
HOTEL   LEISURE
ISLAND   TENT
MAP   TRAIN
SEA   HOLIDAY
MOUNTAINS   JOURNEY
PASSPORT   VISA

98 - Attività

```
K W A G Y M N Y P C H P Z E
P H R Q A F Y W L A I H G I
H U T F V M L I E M K O T J
D N Z R F I E J A P I T R N
H T C Z M T Q S S I N O E G
C I O B L R D I U N G G L A
R N H V F E E O R G W R A R
A G C J P F S A E T T A X D
F I S H I N G M D W N P A E
T S K I L L X A Y I G H T N
S G A W F F D G K G N Y I I
D A N C I N G I Z O H G O N
S C E R A M I C S E W I N G
A C T I V I T Y K G V T X X
```

SKILL	PHOTOGRAPHY
ART	GARDENING
CRAFTS	GAMES
ACTIVITY	READING
HUNTING	MAGIC
CAMPING	FISHING
CERAMICS	PLEASURE
SEWING	PUZZLES
DANCING	RELAXATION
HIKING	

99 - Forniture Artistiche

```
P  C  P  H  S  E  K  V  M  F  V  I  W  Q
E  L  F  A  B  O  I  Z  P  X  L  N  A  K
N  A  K  O  S  I  I  G  L  U  E  K  T  E
C  Y  J  F  B  T  K  L  G  W  A  T  E  R
I  A  N  T  J  O  E  A  S  E  L  U  R  A
L  G  O  I  K  K  D  L  J  X  P  X  C  S
S  C  A  M  E  R  A  K  S  Y  W  T  O  E
P  H  U  D  D  N  W  W  E  K  F  A  L  R
R  A  S  E  O  D  W  D  O  K  V  B  O  C
H  I  P  I  D  E  A  S  Z  P  E  L  R  O
F  R  C  E  O  V  B  R  U  S  H  E  S  L
Y  W  G  C  R  E  A  T  I  V  I  T  Y  O
D  M  S  S  M  W  A  C  R  Y  L  I  C  R
C  H  A  R  C  O  A  L  L  A  Y  O  R  S
```

WATER	ERASER
WATERCOLORS	IDEAS
ACRYLIC	INK
CLAY	PENCILS
CHARCOAL	OIL
PAPER	PASTELS
EASEL	CHAIR
GLUE	BRUSHES
COLORS	TABLE
CREATIVITY	CAMERA

100 - Misurazioni

```
C  L  V  O  L  U  M  E  E  M  K  K  C  S
G  C  R  U  K  I  O  G  I  E  I  I  E  D
P  D  O  I  B  Y  T  E  P  T  L  L  N  E
H  E  I  G  H  T  P  E  D  E  O  O  T  P
L  G  D  G  R  A  M  I  R  R  M  G  I  T
E  R  W  E  I  G  H  T  N  A  E  R  M  H
N  E  I  W  V  O  T  O  N  T  T  A  E  K
G  E  D  W  E  H  U  R  D  J  E  M  T  S
T  V  T  H  S  K  G  N  E  F  R  R  E  I
H  G  H  I  N  C  H  J  C  U  V  D  R  R
O  B  M  I  N  U  T  E  I  E  I  E  S  Y
H  A  E  E  D  Y  X  W  M  N  A  N  Y  S
U  O  M  U  O  D  Q  E  A  A  R  V  U  S
B  P  C  V  U  V  H  G  L  N  D  F  C  F
```

HEIGHT	LENGTH
BYTE	METER
CENTIMETER	MINUTE
KILOGRAM	OUNCE
KILOMETER	WEIGHT
DECIMAL	PINT
DEGREE	INCH
GRAM	DEPTH
WIDTH	TON
LITER	VOLUME

1 - Scacchi

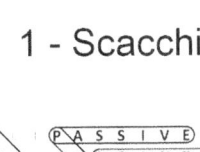
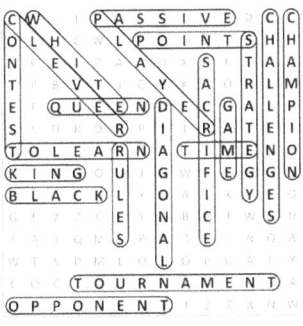

2 - Aggettivi #2

3 - Mobili

4 - Pesca

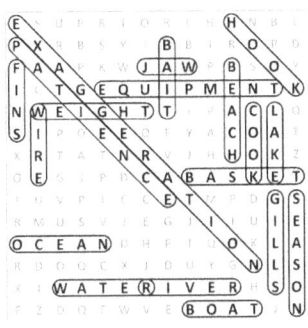

5 - Aggettivi #1

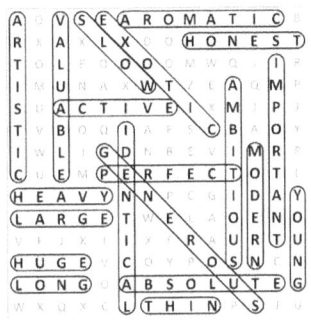

6 - Geologia

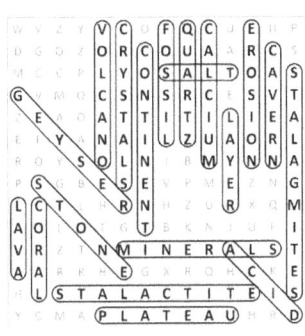

7 - Campeggio

8 - Arti Visive

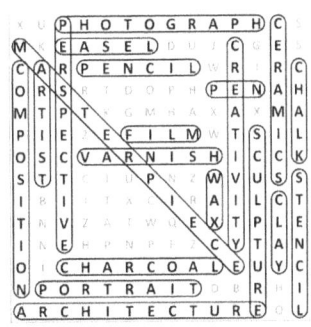

9 - Esplorazione

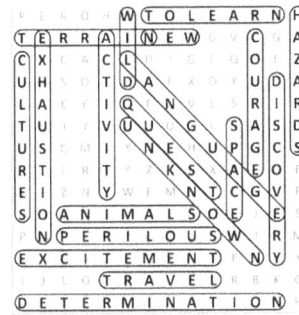

10 - Tempo

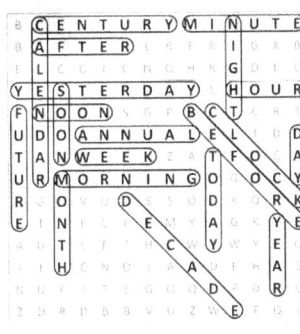

11 - Astronomia

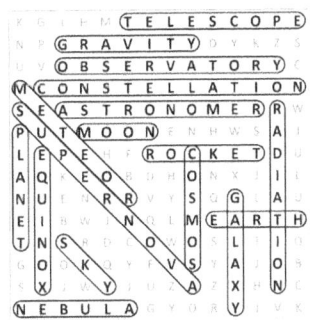

12 - Circo

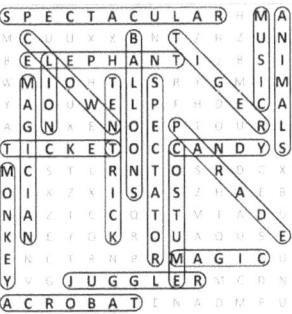

13 - Mitologia

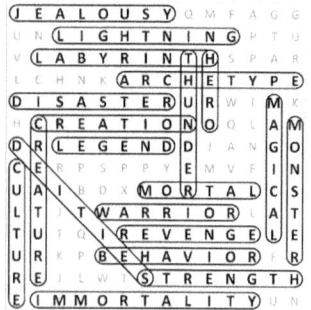

14 - Piante

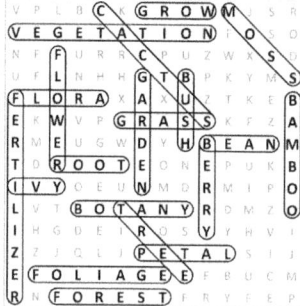

15 - Spezie

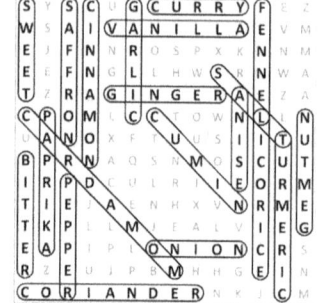

16 - Numeri

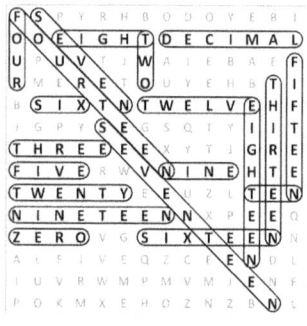

17 - Cioccolato

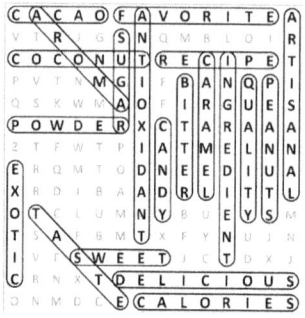

18 - Guida

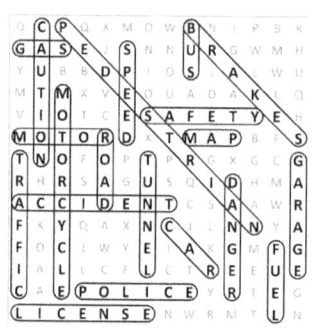

19 - Sport

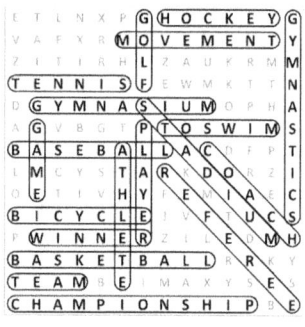

20 - Giocattoli

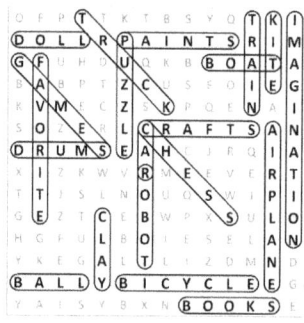

21 - Strumenti di Cottura

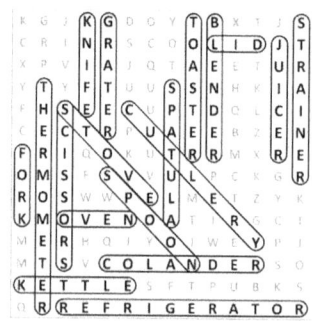

22 - Uccelli

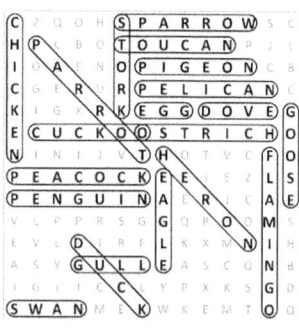

23 - Giorni e Mesi

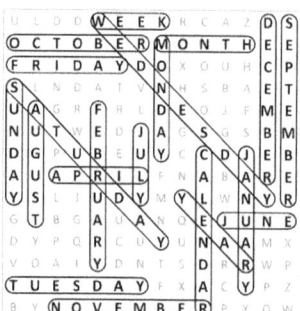

24 - Casa

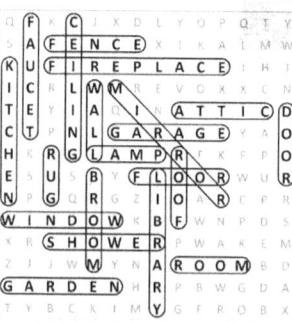

25 - Ristorante #1

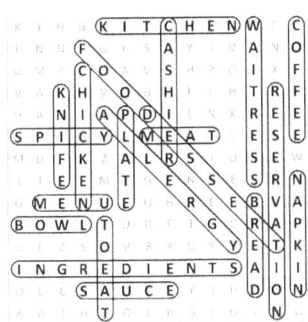

26 - Fantascienza

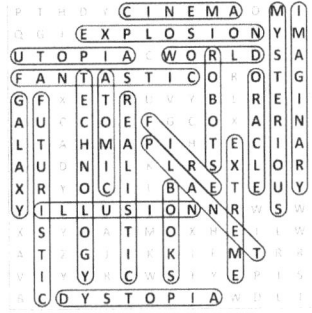

27 - Città

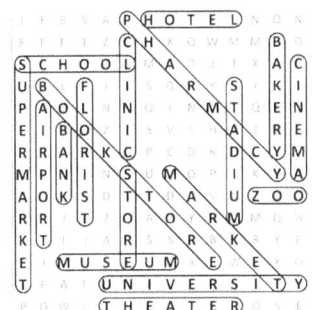

28 - Compleanno

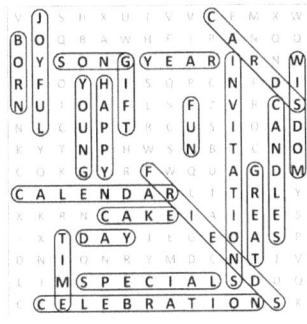

29 - Fattoria #1

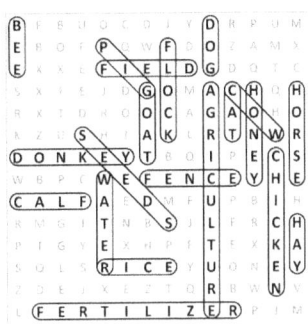

30 - Paesaggi

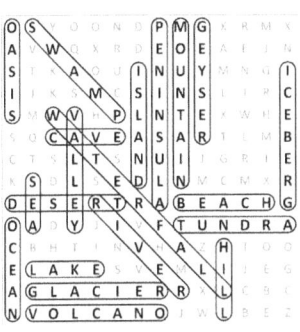

31 - Ristorante #2

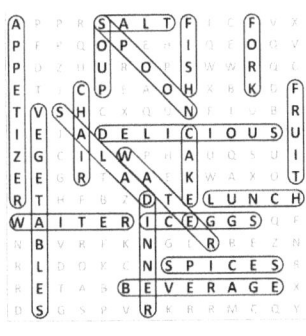

32 - Giardino

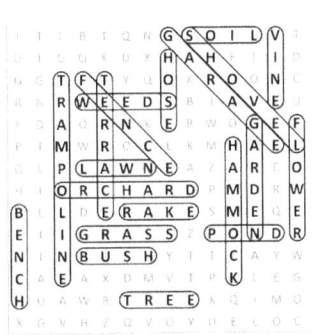

33 - Frutta

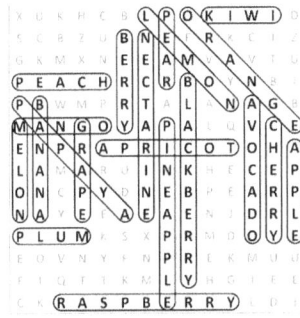

34 - Fattoria #2

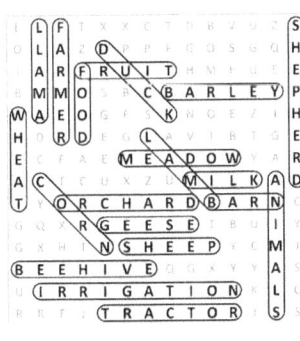

35 - Dinosauri

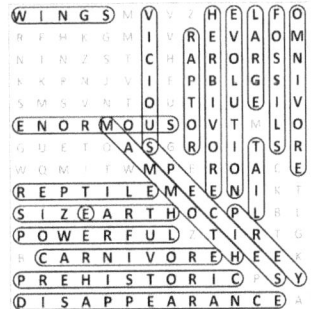

36 - Verdure

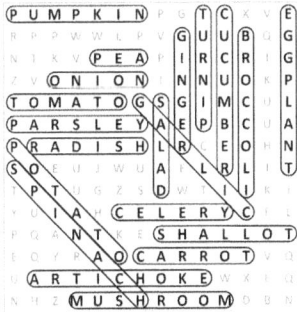

37 - Scuola #2

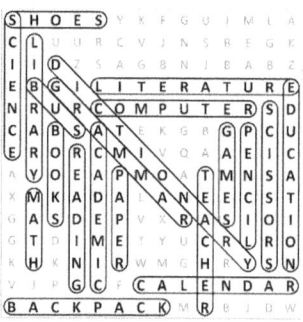

38 - Gentilezza

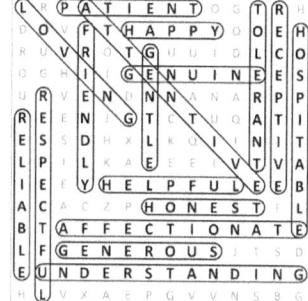

39 - Barbecue

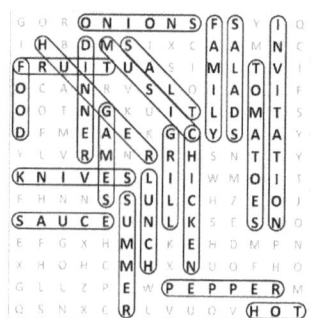

40 - Riempire

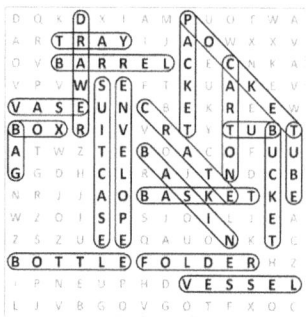

41 - Insetti

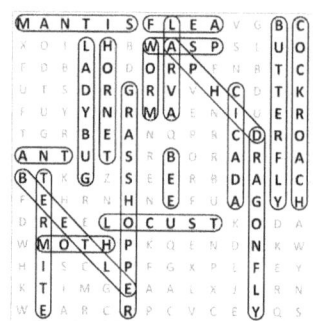

42 - Erboristeria

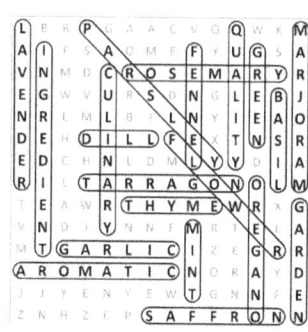

43 - Danza

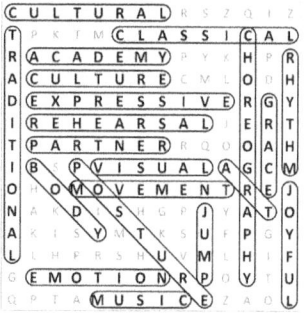

44 - Scuola #1

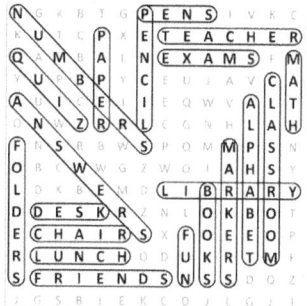

45 - Fiori

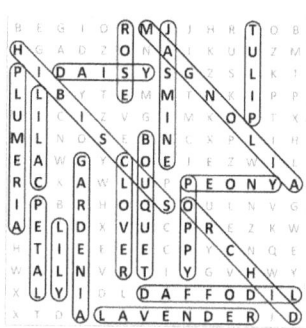

46 - Ecologia

47 - Discipline Scientifiche

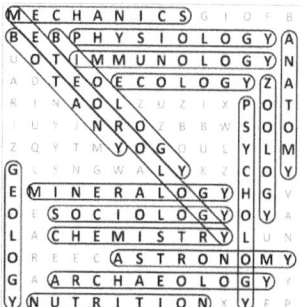

48 - Scienza

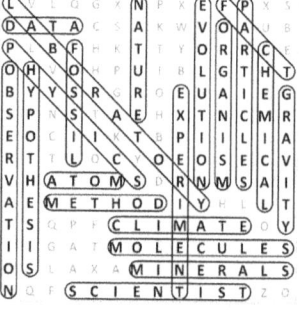

49 - Acqua

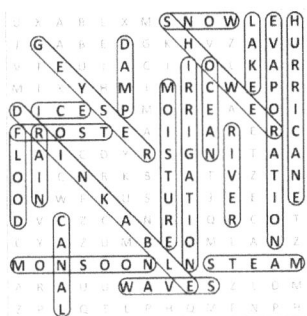

50 - Gatti

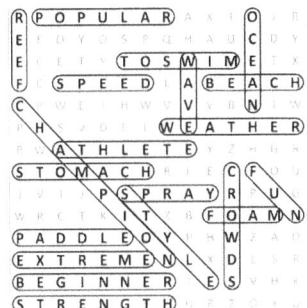

51 - Surf

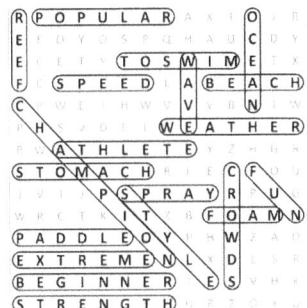

52 - Imbarcazioni

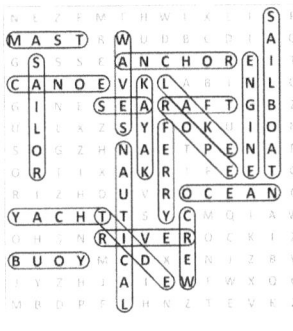

53 - Api

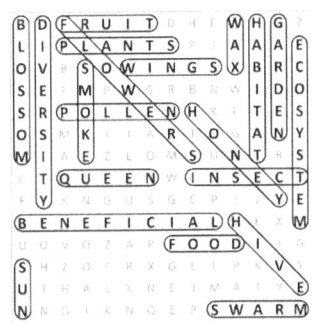

54 - Conservazione

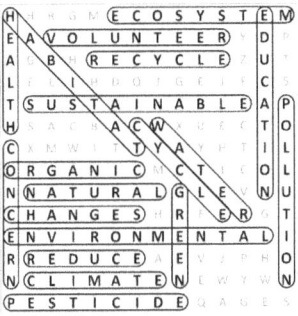

55 - Strumenti Musicali

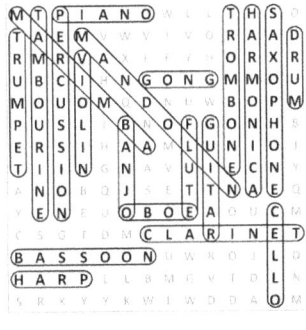

56 - Professioni #2

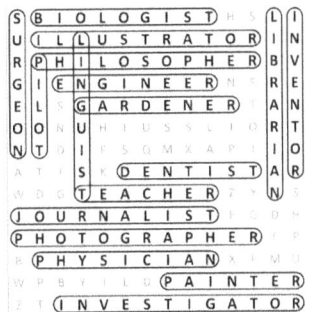

57 - Letteratura

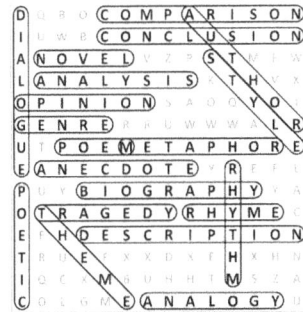

58 - Cibo #2

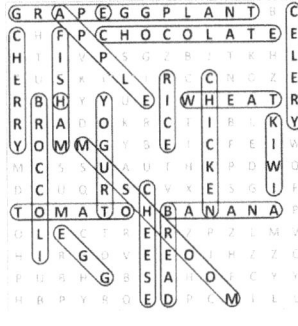

59 - Nutrizione

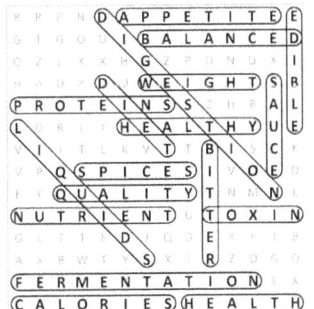

60 - Matematica

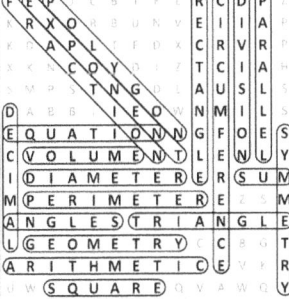

61 - Vacanza #1

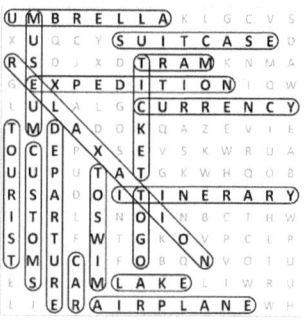

62 - Meditazione

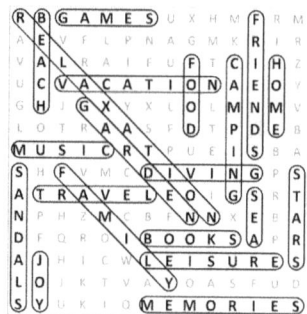

63 - Estate

64 - Escursionismo

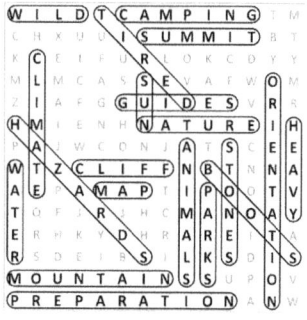

65 - Professioni #1

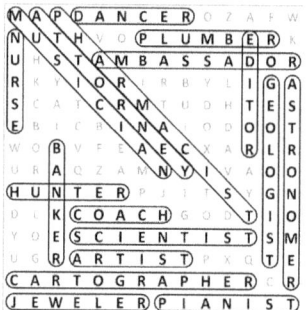

66 - Antartide

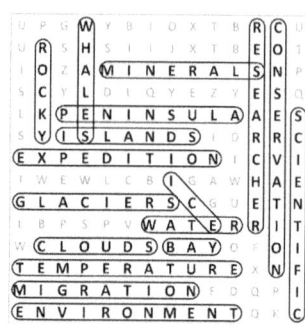

67 - Libri

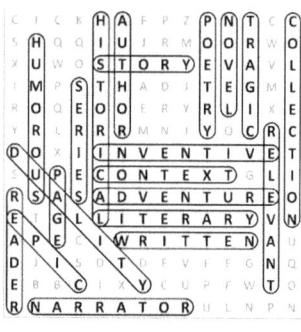

68 - Geografia

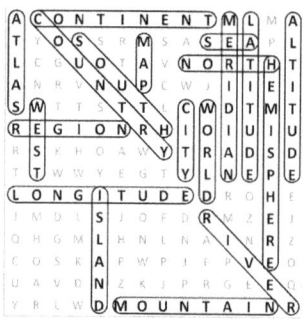

69 - Cibo #1

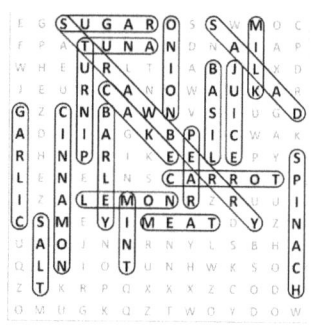

70 - Aeroplani

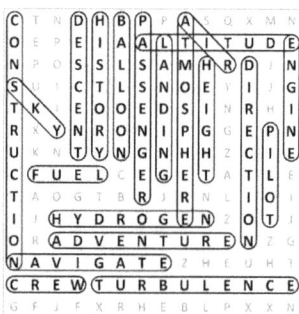

71 - Pirati

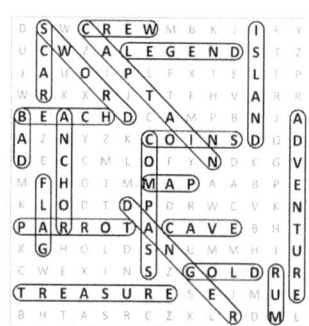

72 - Colori

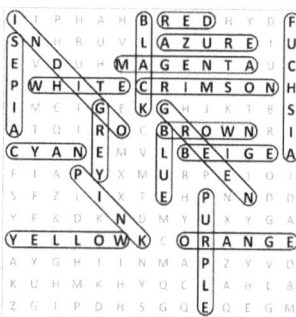

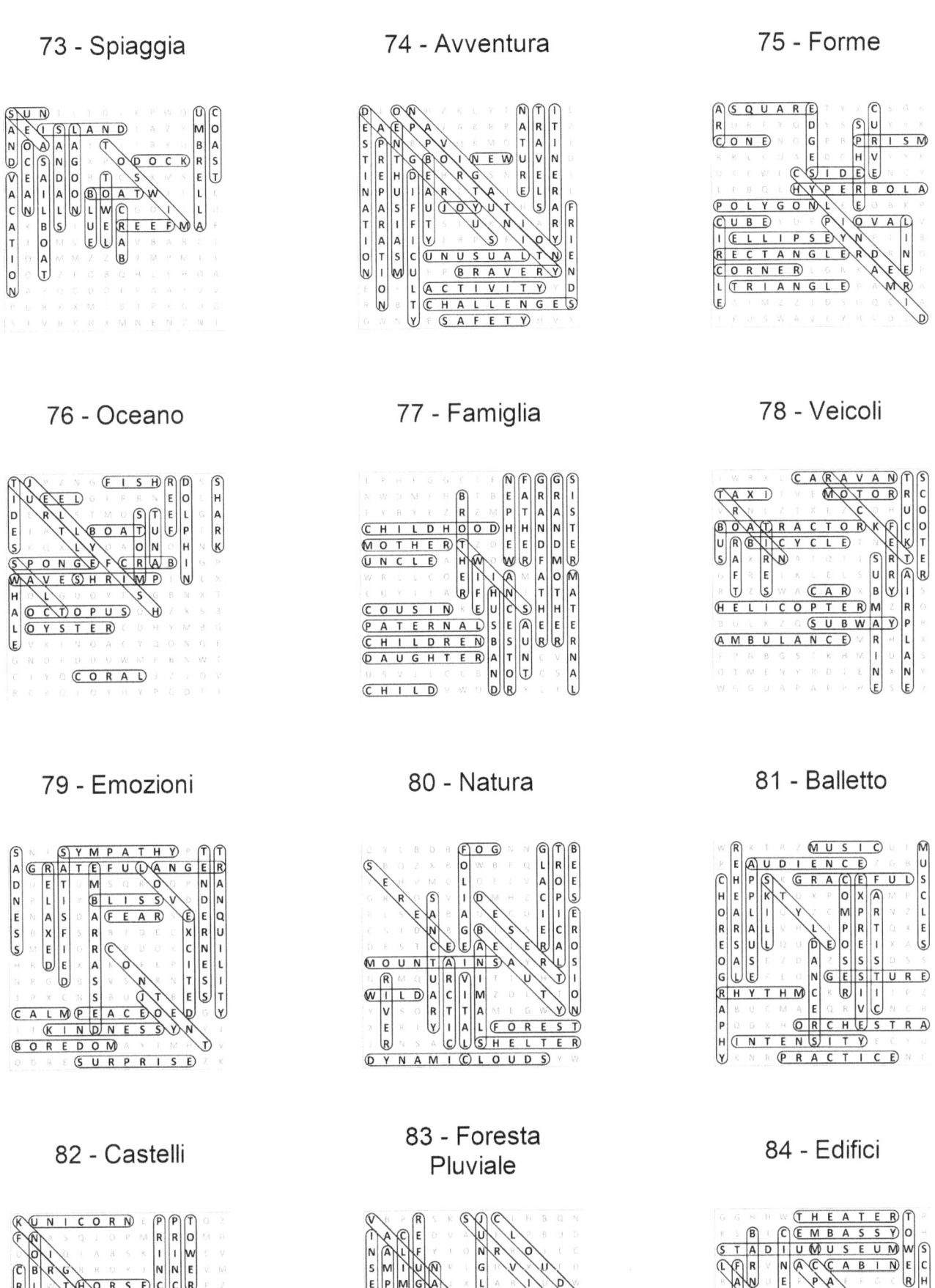

73 - Spiaggia

74 - Avventura

75 - Forme

76 - Oceano

77 - Famiglia

78 - Veicoli

79 - Emozioni

80 - Natura

81 - Balletto

82 - Castelli

83 - Foresta Pluviale

84 - Edifici

85 - Paesi #2

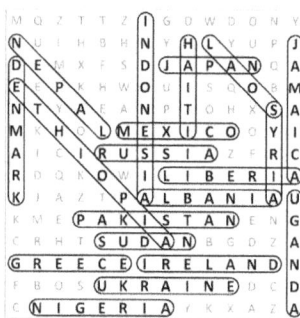

86 - Tipi di Capelli

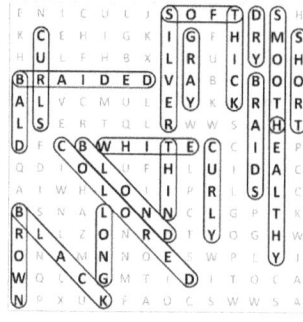

87 - Vestiti

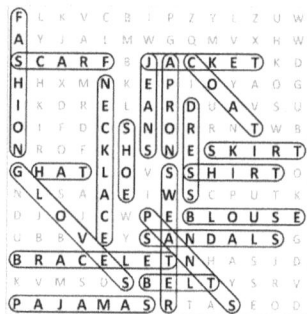

88 - Attività e Tempo Libero

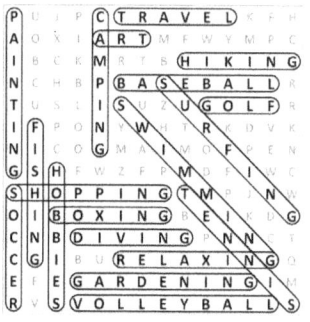

89 - Tecnologia

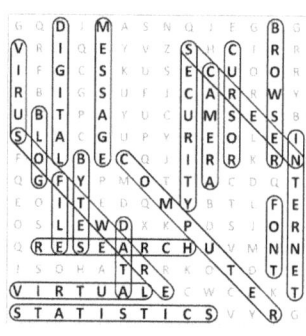

90 - Arte

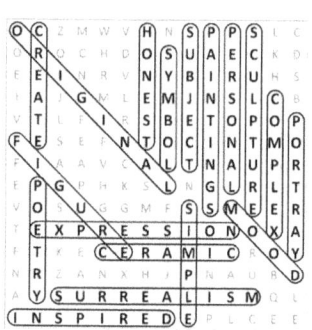

91 - Meteo

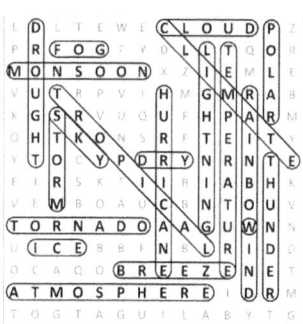

92 - Corpo Umano

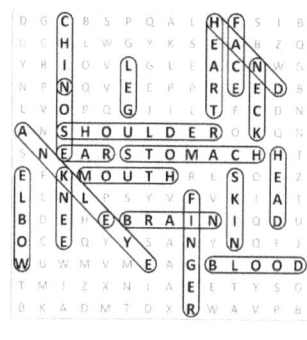

93 - Mammiferi

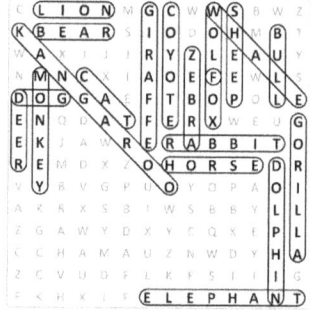

94 - Arrampicata

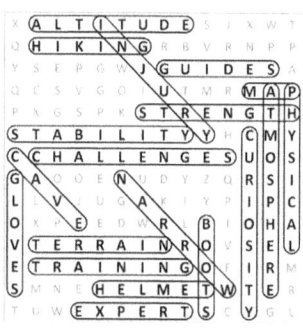

95 - Animali Domestici

96 - Cucina

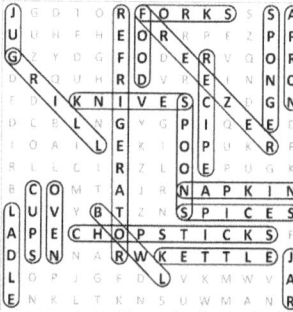

97 - Vacanze #2

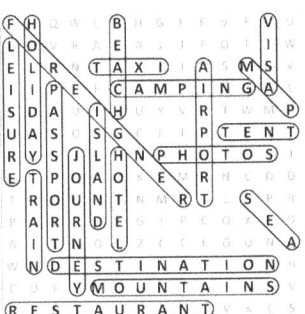

98 - Attività

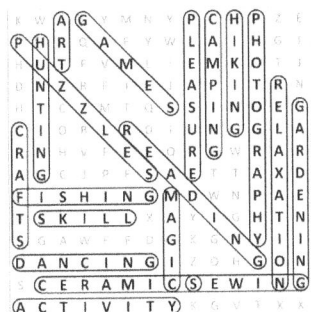

99 - Forniture Artistiche

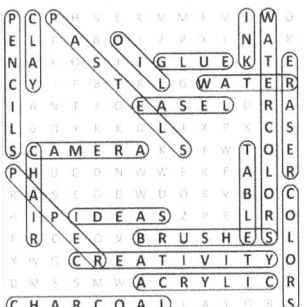

100 - Misurazioni

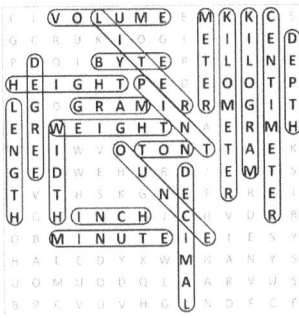

Dizionario

Acqua
Water

Alluvione	Flood
Canale	Canal
Doccia	Shower
Evaporazione	Evaporation
Fiume	River
Gelo	Frost
Geyser	Geyser
Ghiaccio	Ice
Irrigazione	Irrigation
Lago	Lake
Monsone	Monsoon
Neve	Snow
Oceano	Ocean
Onde	Waves
Pioggia	Rain
Potabile	Drinkable
Umidità	Moisture
Umido	Damp
Uragano	Hurricane
Vapore	Steam

Aeroplani
Airplanes

Altezza	Height
Altitudine	Altitude
Aria	Air
Atmosfera	Atmosphere
Atterraggio	Landing
Avventura	Adventure
Carburante	Fuel
Cielo	Sky
Costruzione	Construction
Direzione	Direction
Discesa	Descent
Equipaggio	Crew
Idrogeno	Hydrogen
Motore	Engine
Navigare	Navigate
Palloncino	Balloon
Passeggero	Passenger
Pilota	Pilot
Storia	History
Turbolenza	Turbulence

Aggettivi #1
Adjectives #1

Ambizioso	Ambitious
Aromatico	Aromatic
Artistico	Artistic
Assoluto	Absolute
Attivo	Active
Enorme	Huge
Esotico	Exotic
Generoso	Generous
Giovane	Young
Grande	Large
Identico	Identical
Importante	Important
Lento	Slow
Lungo	Long
Moderno	Modern
Onesto	Honest
Perfetto	Perfect
Pesante	Heavy
Prezioso	Valuable
Sottile	Thin

Aggettivi #2
Adjectives #2

Affamato	Hungry
Asciutto	Dry
Autentico	Authentic
Creativo	Creative
Descrittivo	Descriptive
Dolce	Sweet
Drammatico	Dramatic
Elegante	Elegant
Famoso	Famous
Forte	Strong
Interessante	Interesting
Naturale	Natural
Normale	Normal
Nuovo	New
Orgoglioso	Proud
Produttivo	Productive
Puro	Pure
Responsabile	Responsible
Salato	Salty
Sano	Healthy

Animali Domestici
Pets

Acqua	Water
Cane	Dog
Capra	Goat
Cibo	Food
Coda	Tail
Collare	Collar
Coniglio	Rabbit
Criceto	Hamster
Cucciolo	Puppy
Gattino	Kitten
Gatto	Cat
Guinzaglio	Leash
Lucertola	Lizard
Mucca	Cow
Pappagallo	Parrot
Pesce	Fish
Tartaruga	Turtle
Topo	Mouse
Veterinario	Veterinarian
Zampe	Paws

Antartide
Antarctica

Acqua	Water
Ambiente	Environment
Baia	Bay
Balene	Whales
Conservazione	Conservation
Continente	Continent
Geografia	Geography
Ghiacciai	Glaciers
Ghiaccio	Ice
Isole	Islands
Migrazione	Migration
Minerali	Minerals
Nuvole	Clouds
Penisola	Peninsula
Ricercatore	Researcher
Roccioso	Rocky
Scientifico	Scientific
Spedizione	Expedition
Temperatura	Temperature
Topografia	Topography

Api
Bees
Ali	Wings
Alveare	Hive
Benefico	Beneficial
Cera	Wax
Cibo	Food
Diversità	Diversity
Ecosistema	Ecosystem
Fiori	Flowers
Fiorire	Blossom
Frutta	Fruit
Fumo	Smoke
Giardino	Garden
Habitat	Habitat
Insetto	Insect
Miele	Honey
Piante	Plants
Polline	Pollen
Regina	Queen
Sciame	Swarm
Sole	Sun

Arrampicata
Climbing
Altitudine	Altitude
Atmosfera	Atmosphere
Casco	Helmet
Curiosità	Curiosity
Escursioni	Hiking
Esperto	Expert
Fisico	Physical
Formazione	Training
Forza	Strength
Grotta	Cave
Guanti	Gloves
Guide	Guides
Lesione	Injury
Mappa	Map
Sfide	Challenges
Stabilità	Stability
Stivali	Boots
Stretto	Narrow
Terreno	Terrain

Arte
Art
Ceramica	Ceramic
Complesso	Complex
Composizione	Composition
Creare	Create
Dipinti	Paintings
Espressione	Expression
Figura	Figure
Ispirato	Inspired
Onesto	Honest
Originale	Original
Personale	Personal
Poesia	Poetry
Ritrarre	Portray
Scultura	Sculpture
Semplice	Simple
Simbolo	Symbol
Soggetto	Subject
Surrealismo	Surrealism
Umore	Mood
Visivo	Visual

Arti Visive
Visual Arts
Architettura	Architecture
Argilla	Clay
Artista	Artist
Capolavoro	Masterpiece
Carbone	Charcoal
Cavalletto	Easel
Cera	Wax
Ceramica	Ceramics
Composizione	Composition
Creatività	Creativity
Film	Film
Fotografia	Photograph
Gesso	Chalk
Matita	Pencil
Penna	Pen
Prospettiva	Perspective
Ritratto	Portrait
Scultura	Sculpture
Stampino	Stencil
Vernice	Varnish

Astronomia
Astronomy
Asteroide	Asteroid
Astronauta	Astronaut
Astronomo	Astronomer
Cielo	Sky
Cosmo	Cosmos
Costellazione	Constellation
Equinozio	Equinox
Galassia	Galaxy
Gravità	Gravity
Luna	Moon
Meteora	Meteor
Nebulosa	Nebula
Osservatorio	Observatory
Pianeta	Planet
Radiazione	Radiation
Razzo	Rocket
Supernova	Supernova
Telescopio	Telescope
Terra	Earth
Universo	Universe

Attività
Activities
Abilità	Skill
Arte	Art
Artigianato	Crafts
Attività	Activity
Caccia	Hunting
Campeggio	Camping
Ceramica	Ceramics
Cucire	Sewing
Danza	Dancing
Escursioni	Hiking
Fotografia	Photography
Giardinaggio	Gardening
Giochi	Games
Lettura	Reading
Magia	Magic
Pesca	Fishing
Piacere	Pleasure
Puzzle	Puzzles
Rilassamento	Relaxation
Tempo Libero	Leisure

Attività e Tempo Libero
Activities and Leisure

Arte	Art
Baseball	Baseball
Basket	Basketball
Boxe	Boxing
Calcio	Soccer
Campeggio	Camping
Escursioni	Hiking
Giardinaggio	Gardening
Golf	Golf
Hobby	Hobbies
Immersione	Diving
Nuoto	Swimming
Pallavolo	Volleyball
Pesca	Fishing
Pittura	Painting
Rilassante	Relaxing
Shopping	Shopping
Surf	Surfing
Tennis	Tennis
Viaggio	Travel

Avventura
Adventure

Amici	Friends
Attività	Activity
Bellezza	Beauty
Coraggio	Bravery
Destinazione	Destination
Difficoltà	Difficulty
Entusiasmo	Enthusiasm
Escursione	Excursion
Gioia	Joy
Insolito	Unusual
Itinerario	Itinerary
Natura	Nature
Navigazione	Navigation
Nuovo	New
Opportunità	Opportunity
Pericoloso	Dangerous
Preparazione	Preparation
Sfide	Challenges
Sicurezza	Safety
Viaggi	Travels

Balletto
Ballet

Abilità	Skill
Applauso	Applause
Artistico	Artistic
Ballerina	Ballerina
Ballerini	Dancers
Compositore	Composer
Coreografia	Choreography
Espressivo	Expressive
Gesto	Gesture
Grazioso	Graceful
Intensità	Intensity
Muscoli	Muscles
Musica	Music
Orchestra	Orchestra
Pratica	Practice
Prova	Rehearsal
Pubblico	Audience
Ritmo	Rhythm
Stile	Style
Tecnica	Technique

Barbecue
Barbecues

Caldo	Hot
Cena	Dinner
Cibo	Food
Cipolle	Onions
Coltelli	Knives
Estate	Summer
Fame	Hunger
Famiglia	Family
Frutta	Fruit
Giochi	Games
Griglia	Grill
Insalate	Salads
Invito	Invitation
Musica	Music
Pepe	Pepper
Pollo	Chicken
Pomodori	Tomatoes
Pranzo	Lunch
Sale	Salt
Salsa	Sauce

Campeggio
Camping

Alberi	Trees
Amaca	Hammock
Animali	Animals
Avventura	Adventure
Bussola	Compass
Cabina	Cabin
Caccia	Hunting
Canoa	Canoe
Cappello	Hat
Corda	Rope
Divertimento	Fun
Foresta	Forest
Fuoco	Fire
Insetto	Insect
Lago	Lake
Luna	Moon
Mappa	Map
Montagna	Mountain
Natura	Nature
Tenda	Tent

Casa
House

Attico	Attic
Biblioteca	Library
Camera	Room
Camino	Fireplace
Cucina	Kitchen
Doccia	Shower
Finestra	Window
Garage	Garage
Giardino	Garden
Lampada	Lamp
Parete	Wall
Pavimento	Floor
Porta	Door
Recinto	Fence
Rubinetto	Faucet
Scopa	Broom
Soffitto	Ceiling
Specchio	Mirror
Tappeto	Rug
Tetto	Roof

Castelli
Castles

Armatura	Armor
Catapulta	Catapult
Cavaliere	Knight
Cavallo	Horse
Corona	Crown
Dinastia	Dynasty
Drago	Dragon
Feudale	Feudal
Fortezza	Fortress
Impero	Empire
Nobile	Noble
Palazzo	Palace
Parete	Wall
Principe	Prince
Principessa	Princess
Regno	Kingdom
Scudo	Shield
Spada	Sword
Torre	Tower
Unicorno	Unicorn

Cibo #1
Food #1

Aglio	Garlic
Basilico	Basil
Cannella	Cinnamon
Carne	Meat
Carota	Carrot
Cipolla	Onion
Fragola	Strawberry
Insalata	Salad
Latte	Milk
Limone	Lemon
Menta	Mint
Orzo	Barley
Pera	Pear
Rapa	Turnip
Sale	Salt
Spinaci	Spinach
Succo	Juice
Tonno	Tuna
Torta	Cake
Zucchero	Sugar

Cibo #2
Food #2

Banana	Banana
Broccolo	Broccoli
Ciliegia	Cherry
Cioccolato	Chocolate
Formaggio	Cheese
Fungo	Mushroom
Grano	Wheat
Kiwi	Kiwi
Mela	Apple
Melanzana	Eggplant
Pane	Bread
Pesce	Fish
Pollo	Chicken
Pomodoro	Tomato
Prosciutto	Ham
Riso	Rice
Sedano	Celery
Uovo	Egg
Uva	Grape
Yogurt	Yogurt

Cioccolato
Chocolate

Amaro	Bitter
Antiossidante	Antioxidant
Arachidi	Peanuts
Aroma	Aroma
Artigianale	Artisanal
Cacao	Cacao
Calorie	Calories
Caramella	Candy
Caramello	Caramel
Delizioso	Delicious
Dolce	Sweet
Esotico	Exotic
Gusto	Taste
Ingrediente	Ingredient
Noce di Cocco	Coconut
Polvere	Powder
Preferito	Favorite
Qualità	Quality
Ricetta	Recipe
Zucchero	Sugar

Circo
Circus

Acrobata	Acrobat
Animali	Animals
Biglietto	Ticket
Caramella	Candy
Clown	Clown
Costume	Costume
Elefante	Elephant
Giocoliere	Juggler
Leone	Lion
Magia	Magic
Mago	Magician
Musica	Music
Palloncini	Balloons
Parata	Parade
Scimmia	Monkey
Spettacolare	Spectacular
Spettatore	Spectator
Tenda	Tent
Tigre	Tiger
Trucco	Trick

Città
Town

Aeroporto	Airport
Banca	Bank
Biblioteca	Library
Cinema	Cinema
Clinica	Clinic
Farmacia	Pharmacy
Fiorista	Florist
Galleria	Gallery
Hotel	Hotel
Libreria	Bookstore
Mercato	Market
Museo	Museum
Negozio	Store
Panetteria	Bakery
Scuola	School
Stadio	Stadium
Supermercato	Supermarket
Teatro	Theater
Università	University
Zoo	Zoo

Colori
Colors

Arancia	Orange
Azzurro	Azure
Beige	Beige
Bianco	White
Blu	Blue
Ciano	Cyan
Cremisi	Crimson
Fucsia	Fuchsia
Giallo	Yellow
Grigio	Grey
Indaco	Indigo
Magenta	Magenta
Marrone	Brown
Nero	Black
Rosa	Pink
Rosso	Red
Seppia	Sepia
Verde	Green
Viola	Purple

Compleanno
Birthday

Amici	Friends
Anno	Year
Calendario	Calendar
Candele	Candles
Canzone	Song
Carte	Cards
Celebrazione	Celebration
Divertimento	Fun
Felice	Happy
Gioioso	Joyful
Giorno	Day
Giovane	Young
Grande	Great
Inviti	Invitations
Nato	Born
Regalo	Gift
Saggezza	Wisdom
Speciale	Special
Tempo	Time
Torta	Cake

Conservazione
Conservation

Acqua	Water
Ambientale	Environmental
Cambiamenti	Changes
Ciclo	Cycle
Clima	Climate
Ecosistema	Ecosystem
Educazione	Education
Habitat	Habitat
Inquinamento	Pollution
Naturale	Natural
Organico	Organic
Pesticida	Pesticide
Preoccupazione	Concern
Riciclare	Recycle
Ridurre	Reduce
Salute	Health
Sostenibile	Sustainable
Verde	Green
Volontario	Volunteer

Corpo Umano
Human Body

Bocca	Mouth
Caviglia	Ankle
Cervello	Brain
Collo	Neck
Cuore	Heart
Dito	Finger
Faccia	Face
Gamba	Leg
Ginocchio	Knee
Gomito	Elbow
Mano	Hand
Mento	Chin
Naso	Nose
Occhio	Eye
Orecchio	Ear
Pelle	Skin
Sangue	Blood
Spalla	Shoulder
Stomaco	Stomach
Testa	Head

Cucina
Kitchen

Bacchette	Chopsticks
Bollitore	Kettle
Brocca	Jug
Cibo	Food
Ciotola	Bowl
Coltelli	Knives
Congelatore	Freezer
Cucchiai	Spoons
Forchette	Forks
Forno	Oven
Frigorifero	Refrigerator
Grembiule	Apron
Griglia	Grill
Mestolo	Ladle
Ricetta	Recipe
Spezie	Spices
Spugna	Sponge
Tazze	Cups
Tovagliolo	Napkin
Vaso	Jar

Danza
Dance

Accademia	Academy
Arte	Art
Classico	Classical
Compagno	Partner
Coreografia	Choreography
Corpo	Body
Cultura	Culture
Culturale	Cultural
Emozione	Emotion
Espressivo	Expressive
Gioioso	Joyful
Grazia	Grace
Movimento	Movement
Musica	Music
Postura	Posture
Prova	Rehearsal
Ritmo	Rhythm
Salto	Jump
Tradizionale	Traditional
Visivo	Visual

Dinosauri
Dinosaurs

Ali	Wings
Carnivoro	Carnivore
Coda	Tail
Enorme	Enormous
Erbivoro	Herbivore
Evoluzione	Evolution
Fossili	Fossils
Grande	Large
Mammut	Mammoth
Onnivoro	Omnivore
Potente	Powerful
Preda	Prey
Preistorico	Prehistoric
Rapace	Raptor
Rettile	Reptile
Scomparsa	Disappearance
Specie	Species
Taglia	Size
Terra	Earth
Vizioso	Vicious

Discipline Scientifiche
Scientific Disciplines

Anatomia	Anatomy
Archeologia	Archaeology
Astronomia	Astronomy
Biochimica	Biochemistry
Biologia	Biology
Botanica	Botany
Chimica	Chemistry
Ecologia	Ecology
Fisiologia	Physiology
Geologia	Geology
Immunologia	Immunology
Linguistica	Linguistics
Meccanica	Mechanics
Meteorologia	Meteorology
Mineralogia	Mineralogy
Neurologia	Neurology
Nutrizione	Nutrition
Psicologia	Psychology
Sociologia	Sociology
Zoologia	Zoology

Ecologia
Ecology

Clima	Climate
Comunità	Communities
Diversità	Diversity
Fauna	Fauna
Flora	Flora
Globale	Global
Habitat	Habitat
Marino	Marine
Natura	Nature
Naturale	Natural
Palude	Marsh
Piante	Plants
Risorse	Resources
Siccità	Drought
Sopravvivenza	Survival
Sostenibile	Sustainable
Specie	Species
Varietà	Variety
Vegetazione	Vegetation
Volontari	Volunteers

Edifici
Buildings

Ambasciata	Embassy
Appartamento	Apartment
Cabina	Cabin
Castello	Castle
Cinema	Cinema
Fabbrica	Factory
Fienile	Barn
Hotel	Hotel
Laboratorio	Laboratory
Museo	Museum
Ospedale	Hospital
Osservatorio	Observatory
Ostello	Hostel
Scuola	School
Stadio	Stadium
Supermercato	Supermarket
Teatro	Theater
Tenda	Tent
Torre	Tower
Università	University

Emozioni
Emotions

Amore	Love
Beatitudine	Bliss
Calma	Calm
Contenuto	Content
Eccitato	Excited
Gentilezza	Kindness
Gioia	Joy
Grato	Grateful
Imbarazzato	Embarrassed
Noia	Boredom
Pace	Peace
Paura	Fear
Rabbia	Anger
Rilassato	Relaxed
Simpatia	Sympathy
Soddisfatto	Satisfied
Sorpresa	Surprise
Tenerezza	Tenderness
Tranquillità	Tranquility
Tristezza	Sadness

Erboristeria
Herbalism

Aglio	Garlic
Aneto	Dill
Aromatico	Aromatic
Basilico	Basil
Culinario	Culinary
Dragoncello	Tarragon
Finocchio	Fennel
Fiore	Flower
Giardino	Garden
Ingrediente	Ingredient
Lavanda	Lavender
Maggiorana	Marjoram
Menta	Mint
Origano	Oregano
Prezzemolo	Parsley
Qualità	Quality
Rosmarino	Rosemary
Timo	Thyme
Verde	Green
Zafferano	Saffron

Escursionismo
Hiking

Acqua	Water
Animali	Animals
Campeggio	Camping
Clima	Climate
Guide	Guides
Mappa	Map
Montagna	Mountain
Natura	Nature
Orientamento	Orientation
Parchi	Parks
Pericoli	Hazards
Pesante	Heavy
Pietre	Stones
Preparazione	Preparation
Scogliera	Cliff
Selvaggio	Wild
Sole	Sun
Stanco	Tired
Stivali	Boots
Vertice	Summit

Esplorazione
Exploration

Animali	Animals
Attività	Activity
Coraggio	Courage
Culture	Cultures
Determinazione	Determination
Eccitazione	Excitement
Esaurimento	Exhaustion
Lingua	Language
Nuovo	New
Per Imparare	To Learn
Pericoli	Hazards
Pericoloso	Perilous
Ricerca	Quest
Sconosciuto	Unknown
Scoperta	Discovery
Selvaggio	Wild
Spazio	Space
Terreno	Terrain
Viaggio	Travel

Estate
Summer

Amici	Friends
Campeggio	Camping
Casa	Home
Cibo	Food
Famiglia	Family
Giardino	Garden
Giochi	Games
Gioia	Joy
Immersione	Diving
Libri	Books
Mare	Sea
Musica	Music
Ricordi	Memories
Rilassamento	Relaxation
Sandali	Sandals
Spiaggia	Beach
Stelle	Stars
Tempo Libero	Leisure
Vacanza	Vacation
Viaggio	Travel

Famiglia
Family

Antenato	Ancestor
Bambini	Children
Bambino	Child
Cugino	Cousin
Figlia	Daughter
Fratello	Brother
Gemelli	Twins
Infanzia	Childhood
Madre	Mother
Marito	Husband
Materno	Maternal
Moglie	Wife
Nipote	Nephew
Nonna	Grandmother
Nonno	Grandfather
Padre	Father
Paterno	Paternal
Sorella	Sister
Zia	Aunt
Zio	Uncle

Fantascienza
Science Fiction

Atomico	Atomic
Cinema	Cinema
Distopia	Dystopia
Esplosione	Explosion
Estremo	Extreme
Fantastico	Fantastic
Fuoco	Fire
Futuristico	Futuristic
Galassia	Galaxy
Illusione	Illusion
Immaginario	Imaginary
Libri	Books
Misterioso	Mysterious
Mondo	World
Oracolo	Oracle
Pianeta	Planet
Realistico	Realistic
Robot	Robots
Tecnologia	Technology
Utopia	Utopia

Fattoria #1
Farm #1

Acqua	Water
Agricoltura	Agriculture
Ape	Bee
Asino	Donkey
Campo	Field
Cane	Dog
Capra	Goat
Cavallo	Horse
Fertilizzante	Fertilizer
Fieno	Hay
Gatto	Cat
Gregge	Flock
Maiale	Pig
Miele	Honey
Mucca	Cow
Pollo	Chicken
Recinto	Fence
Riso	Rice
Semi	Seeds
Vitello	Calf

Fattoria #2
Farm #2

Agnello	Lamb
Agricoltore	Farmer
Alveare	Beehive
Anatra	Duck
Animali	Animals
Cibo	Food
Fienile	Barn
Frutta	Fruit
Frutteto	Orchard
Grano	Wheat
Irrigazione	Irrigation
Lama	Llama
Latte	Milk
Mais	Corn
Oche	Geese
Orzo	Barley
Pastore	Shepherd
Pecora	Sheep
Prato	Meadow
Trattore	Tractor

Fiori
Flowers

Gardenia	Gardenia
Gelsomino	Jasmine
Giglio	Lily
Girasole	Sunflower
Ibisco	Hibiscus
Lavanda	Lavender
Lilla	Lilac
Magnolia	Magnolia
Margherita	Daisy
Mazzo	Bouquet
Narciso	Daffodil
Orchidea	Orchid
Papavero	Poppy
Passiflora	Passionflower
Peonia	Peony
Petalo	Petal
Plumeria	Plumeria
Rosa	Rose
Trifoglio	Clover
Tulipano	Tulip

Foresta Pluviale
Rainforest

Anfibi	Amphibians
Botanico	Botanical
Clima	Climate
Comunità	Community
Diversità	Diversity
Giungla	Jungle
Indigeno	Indigenous
Insetti	Insects
Mammiferi	Mammals
Muschio	Moss
Natura	Nature
Nuvole	Clouds
Preservazione	Preservation
Prezioso	Valuable
Restauro	Restoration
Rifugio	Refuge
Rispetto	Respect
Sopravvivenza	Survival
Specie	Species
Uccelli	Birds

Forme
Shapes

Angolo	Corner
Arco	Arc
Bordi	Edges
Cerchio	Circle
Cilindro	Cylinder
Cono	Cone
Cubo	Cube
Curva	Curve
Ellisse	Ellipse
Iperbole	Hyperbola
Lato	Side
Linea	Line
Ovale	Oval
Piramide	Pyramid
Poligono	Polygon
Prisma	Prism
Quadrato	Square
Rettangolo	Rectangle
Sfera	Sphere
Triangolo	Triangle

Forniture Artistiche
Art Supplies

Acqua	Water
Acquerelli	Watercolors
Acrilico	Acrylic
Argilla	Clay
Carbone	Charcoal
Carta	Paper
Cavalletto	Easel
Colla	Glue
Colori	Colors
Creatività	Creativity
Gomma	Eraser
Idee	Ideas
Inchiostro	Ink
Matite	Pencils
Olio	Oil
Pastelli	Pastels
Sedia	Chair
Spazzole	Brushes
Tavolo	Table
Telecamera	Camera

Frutta
Fruit

Albicocca	Apricot
Ananas	Pineapple
Arancia	Orange
Avocado	Avocado
Bacca	Berry
Banana	Banana
Ciliegia	Cherry
Kiwi	Kiwi
Lampone	Raspberry
Limone	Lemon
Mango	Mango
Mela	Apple
Melone	Melon
Mora	Blackberry
Nettarina	Nectarine
Papaia	Papaya
Pera	Pear
Pesca	Peach
Prugna	Plum
Uva	Grape

Gatti
Cats

Affettuoso	Affectionate
Artiglio	Claw
Cacciatore	Hunter
Coda	Tail
Curioso	Curious
Divertente	Funny
Dormire	Sleep
Filo	Yarn
Giocoso	Playful
Indipendente	Independent
Pazzo	Crazy
Pelliccia	Fur
Personalità	Personality
Poco	Little
Selvaggio	Wild
Timido	Shy
Topo	Mouse
Veloce	Fast
Zampa	Paw

Gentilezza
Kindness

Affettuoso	Affectionate
Affidabile	Reliable
Amichevole	Friendly
Amorevole	Loving
Attento	Attentive
Compassionevole	Compassionate
Comprensione	Understanding
Dolce	Gentle
Felice	Happy
Generoso	Generous
Genuino	Genuine
Onesto	Honest
Ospitale	Hospitable
Paziente	Patient
Ricettivo	Receptive
Rispettoso	Respectful
Tollerante	Tolerant
Utile	Helpful

Geografia
Geography

Altitudine	Altitude
Atlante	Atlas
Città	City
Continente	Continent
Emisfero	Hemisphere
Fiume	River
Isola	Island
Latitudine	Latitude
Longitudine	Longitude
Mappa	Map
Mare	Sea
Meridiano	Meridian
Mondo	World
Montagna	Mountain
Nord	North
Ovest	West
Paese	Country
Regione	Region
Sud	South
Territorio	Territory

Geologia
Geology

Acido	Acid
Altopiano	Plateau
Calcio	Calcium
Caverna	Cavern
Continente	Continent
Corallo	Coral
Cristalli	Crystals
Erosione	Erosion
Fossile	Fossil
Geyser	Geyser
Lava	Lava
Minerali	Minerals
Pietra	Stone
Quarzo	Quartz
Sale	Salt
Stalagmiti	Stalagmites
Stalattite	Stalactite
Strato	Layer
Terremoto	Earthquake
Vulcano	Volcano

Giardino
Garden

Albero	Tree
Amaca	Hammock
Cespuglio	Bush
Erba	Grass
Erbacce	Weeds
Fiore	Flower
Frutteto	Orchard
Garage	Garage
Giardino	Garden
Pala	Shovel
Panca	Bench
Prato	Lawn
Rastrello	Rake
Recinto	Fence
Stagno	Pond
Suolo	Soil
Terrazza	Terrace
Trampolino	Trampoline
Tubo	Hose
Vite	Vine

Giocattoli
Toys

Aereo	Airplane
Aquilone	Kite
Argilla	Clay
Artigianato	Crafts
Auto	Car
Bambola	Doll
Barca	Boat
Batteria	Drums
Bicicletta	Bicycle
Camion	Truck
Giochi	Games
Immaginazione	Imagination
Libri	Books
Palla	Ball
Preferito	Favorite
Puzzle	Puzzle
Robot	Robot
Scacchi	Chess
Treno	Train
Vernici	Paints

Giorni e Mesi
Days and Months

Agosto	August
Anno	Year
Aprile	April
Calendario	Calendar
Dicembre	December
Domenica	Sunday
Febbraio	February
Gennaio	January
Giugno	June
Luglio	July
Lunedì	Monday
Martedì	Tuesday
Mercoledì	Wednesday
Mese	Month
Novembre	November
Ottobre	October
Sabato	Saturday
Settembre	September
Settimana	Week
Venerdì	Friday

Guida
Driving

Attenzione	Caution
Auto	Car
Autobus	Bus
Carburante	Fuel
Freni	Brakes
Garage	Garage
Gas	Gas
Incidente	Accident
Licenza	License
Mappa	Map
Moto	Motorcycle
Motore	Motor
Pedonale	Pedestrian
Pericolo	Danger
Polizia	Police
Sicurezza	Safety
Strada	Road
Traffico	Traffic
Tunnel	Tunnel
Velocità	Speed

Imbarcazioni
Boats

Albero	Mast
Ancora	Anchor
Barca a Vela	Sailboat
Boa	Buoy
Canoa	Canoe
Corda	Rope
Equipaggio	Crew
Fiume	River
Kayak	Kayak
Lago	Lake
Mare	Sea
Marea	Tide
Marinaio	Sailor
Motore	Engine
Nautico	Nautical
Oceano	Ocean
Onde	Waves
Traghetto	Ferry
Yacht	Yacht
Zattera	Raft

Insetti
Insects

Afide	Aphid
Ape	Bee
Calabrone	Hornet
Cavalletta	Grasshopper
Cicala	Cicada
Coccinella	Ladybug
Coleottero	Beetle
Falena	Moth
Farfalla	Butterfly
Formica	Ant
Larva	Larva
Libellula	Dragonfly
Locusta	Locust
Mantide	Mantis
Pulce	Flea
Scarafaggio	Cockroach
Termite	Termite
Verme	Worm
Vespa	Wasp
Zanzara	Mosquito

Letteratura
Literature

Analisi	Analysis
Analogia	Analogy
Aneddoto	Anecdote
Autore	Author
Biografia	Biography
Conclusione	Conclusion
Confronto	Comparison
Descrizione	Description
Dialogo	Dialogue
Genere	Genre
Metafora	Metaphor
Opinione	Opinion
Poesia	Poem
Poetico	Poetic
Rima	Rhyme
Ritmo	Rhythm
Romanzo	Novel
Stile	Style
Tema	Theme
Tragedia	Tragedy

Libri
Books

Autore	Author
Avventura	Adventure
Collezione	Collection
Contesto	Context
Dualità	Duality
Epico	Epic
Inventivo	Inventive
Letterario	Literary
Lettore	Reader
Narratore	Narrator
Pagina	Page
Poesia	Poetry
Rilevante	Relevant
Romanzo	Novel
Scritto	Written
Serie	Series
Storia	Story
Storico	Historical
Tragico	Tragic
Umoristico	Humorous

Mammiferi
Mammals

Balena	Whale
Cane	Dog
Canguro	Kangaroo
Cavallo	Horse
Cervo	Deer
Coniglio	Rabbit
Coyote	Coyote
Delfino	Dolphin
Elefante	Elephant
Gatto	Cat
Giraffa	Giraffe
Gorilla	Gorilla
Leone	Lion
Lupo	Wolf
Orso	Bear
Pecora	Sheep
Scimmia	Monkey
Toro	Bull
Volpe	Fox
Zebra	Zebra

Matematica
Math

Angoli	Angles
Aritmetica	Arithmetic
Circonferenza	Circumference
Decimale	Decimal
Diametro	Diameter
Divisione	Division
Equazione	Equation
Esponente	Exponent
Frazione	Fraction
Geometria	Geometry
Parallelo	Parallel
Parallelogramma	Parallelogram
Perimetro	Perimeter
Poligono	Polygon
Quadrato	Square
Rettangolo	Rectangle
Simmetria	Symmetry
Somma	Sum
Triangolo	Triangle
Volume	Volume

Meditazione
Meditation

Accettazione	Acceptance
Attenzione	Attention
Calma	Calm
Chiarezza	Clarity
Compassione	Compassion
Emozioni	Emotions
Gentilezza	Kindness
Gratitudine	Gratitude
Mentale	Mental
Mente	Mind
Movimento	Movement
Musica	Music
Natura	Nature
Osservazione	Observation
Pace	Peace
Pensieri	Thoughts
Postura	Posture
Prospettiva	Perspective
Respirazione	Breathing
Silenzio	Silence

Meteo
Weather

Arcobaleno	Rainbow
Asciutto	Dry
Atmosfera	Atmosphere
Brezza	Breeze
Cielo	Sky
Clima	Climate
Fulmine	Lightning
Ghiaccio	Ice
Monsone	Monsoon
Nebbia	Fog
Nube	Cloud
Polare	Polar
Siccità	Drought
Temperatura	Temperature
Tempesta	Storm
Tornado	Tornado
Tropicale	Tropical
Tuono	Thunder
Uragano	Hurricane
Vento	Wind

Misurazioni
Measurements

Altezza	Height
Byte	Byte
Centimetro	Centimeter
Chilogrammo	Kilogram
Chilometro	Kilometer
Decimale	Decimal
Grado	Degree
Grammo	Gram
Larghezza	Width
Litro	Liter
Lunghezza	Length
Metro	Meter
Minuto	Minute
Oncia	Ounce
Peso	Weight
Pinta	Pint
Pollice	Inch
Profondità	Depth
Tonnellata	Ton
Volume	Volume

Mitologia
Mythology

Archetipo	Archetype
Comportamento	Behavior
Creatura	Creature
Creazione	Creation
Cultura	Culture
Disastro	Disaster
Divinità	Deities
Eroe	Hero
Forza	Strength
Fulmine	Lightning
Gelosia	Jealousy
Guerriero	Warrior
Immortalità	Immortality
Labirinto	Labyrinth
Leggenda	Legend
Magico	Magical
Mortale	Mortal
Mostro	Monster
Tuono	Thunder
Vendetta	Revenge

Mobili
Furniture

Amaca	Hammock
Armoire	Armoire
Cuscini	Cushions
Cuscino	Pillow
Divano	Couch
Futon	Futon
Lampada	Lamp
Letto	Bed
Libreria	Bookcase
Materasso	Mattress
Panca	Bench
Poltrona	Armchair
Scaffali	Shelves
Scrivania	Desk
Sedia	Chair
Specchio	Mirror
Tappeto	Rug
Tende	Curtains

Natura
Nature

Animali	Animals
Api	Bees
Artico	Arctic
Bellezza	Beauty
Deserto	Desert
Dinamico	Dynamic
Erosione	Erosion
Fiume	River
Fogliame	Foliage
Foresta	Forest
Ghiacciaio	Glacier
Montagne	Mountains
Nebbia	Fog
Nuvole	Clouds
Rifugio	Shelter
Santuario	Sanctuary
Selvaggio	Wild
Sereno	Serene
Tropicale	Tropical
Vitale	Vital

Numeri
Numbers

Cinque	Five
Decimale	Decimal
Diciannove	Nineteen
Diciassette	Seventeen
Diciotto	Eighteen
Dieci	Ten
Dodici	Twelve
Due	Two
Nove	Nine
Otto	Eight
Quattordici	Fourteen
Quattro	Four
Quindici	Fifteen
Sedici	Sixteen
Sei	Six
Sette	Seven
Tre	Three
Tredici	Thirteen
Venti	Twenty
Zero	Zero

Nutrizione
Nutrition

Amaro	Bitter
Appetito	Appetite
Bilanciato	Balanced
Calorie	Calories
Carboidrati	Carbohydrates
Commestibile	Edible
Dieta	Diet
Digestione	Digestion
Fermentazione	Fermentation
Liquidi	Liquids
Nutriente	Nutrient
Peso	Weight
Proteine	Proteins
Qualità	Quality
Salsa	Sauce
Salute	Health
Sano	Healthy
Spezie	Spices
Tossina	Toxin
Vitamina	Vitamin

Oceano
Ocean

Anguilla	Eel
Balena	Whale
Barca	Boat
Corallo	Coral
Delfino	Dolphin
Gamberetto	Shrimp
Granchio	Crab
Maree	Tides
Medusa	Jellyfish
Onde	Waves
Ostrica	Oyster
Pesce	Fish
Polpo	Octopus
Sale	Salt
Scogliera	Reef
Spugna	Sponge
Squalo	Shark
Tartaruga	Turtle
Tempesta	Storm
Tonno	Tuna

Paesaggi
Landscapes

Cascata	Waterfall
Collina	Hill
Deserto	Desert
Fiume	River
Geyser	Geyser
Ghiacciaio	Glacier
Grotta	Cave
Iceberg	Iceberg
Isola	Island
Lago	Lake
Mare	Sea
Montagna	Mountain
Oasi	Oasis
Oceano	Ocean
Palude	Swamp
Penisola	Peninsula
Spiaggia	Beach
Tundra	Tundra
Valle	Valley
Vulcano	Volcano

Paesi #2
Countries #2

Albania	Albania
Danimarca	Denmark
Etiopia	Ethiopia
Giamaica	Jamaica
Giappone	Japan
Grecia	Greece
Haiti	Haiti
Indonesia	Indonesia
Irlanda	Ireland
Laos	Laos
Liberia	Liberia
Messico	Mexico
Nepal	Nepal
Nigeria	Nigeria
Pakistan	Pakistan
Russia	Russia
Siria	Syria
Sudan	Sudan
Ucraina	Ukraine
Uganda	Uganda

Pesca
Fishing

Acqua	Water
Attrezzatura	Equipment
Barca	Boat
Branchie	Gills
Cesto	Basket
Cucinare	Cook
Esagerazione	Exaggeration
Esca	Bait
Filo	Wire
Fiume	River
Gancio	Hook
Lago	Lake
Mascella	Jaw
Oceano	Ocean
Pazienza	Patience
Peso	Weight
Pinne	Fins
Spiaggia	Beach
Stagione	Season

Piante
Plants

Albero	Tree
Bacca	Berry
Bambù	Bamboo
Botanica	Botany
Cactus	Cactus
Cespuglio	Bush
Crescere	Grow
Edera	Ivy
Erba	Grass
Fagiolo	Bean
Fertilizzante	Fertilizer
Fiore	Flower
Flora	Flora
Fogliame	Foliage
Foresta	Forest
Giardino	Garden
Muschio	Moss
Petalo	Petal
Radice	Root
Vegetazione	Vegetation

Pirati
Pirates

Ancora	Anchor
Avventura	Adventure
Bandiera	Flag
Bussola	Compass
Capitano	Captain
Cattivo	Bad
Cicatrice	Scar
Equipaggio	Crew
Grotta	Cave
Isola	Island
Leggenda	Legend
Mappa	Map
Monete	Coins
Oro	Gold
Pappagallo	Parrot
Pericolo	Danger
Rum	Rum
Spada	Sword
Spiaggia	Beach
Tesoro	Treasure

Professioni #1
Professions #1

Allenatore	Coach
Ambasciatore	Ambassador
Artista	Artist
Astronomo	Astronomer
Avvocato	Attorney
Ballerino	Dancer
Banchiere	Banker
Cacciatore	Hunter
Cartografo	Cartographer
Editore	Editor
Farmacista	Pharmacist
Geologo	Geologist
Gioielliere	Jeweler
Idraulico	Plumber
Infermiera	Nurse
Musicista	Musician
Pianista	Pianist
Psicologo	Psychologist
Scienziato	Scientist
Veterinario	Veterinarian

Professioni #2
Professions #2

Astronauta	Astronaut
Bibliotecario	Librarian
Biologo	Biologist
Chirurgo	Surgeon
Dentista	Dentist
Filosofo	Philosopher
Fotografo	Photographer
Giardiniere	Gardener
Giornalista	Journalist
Illustratore	Illustrator
Ingegnere	Engineer
Insegnante	Teacher
Inventore	Inventor
Investigatore	Investigator
Linguista	Linguist
Medico	Physician
Pilota	Pilot
Pittore	Painter
Ricercatore	Researcher
Zoologo	Zoologist

Riempire
To Fill

Bacino	Basin
Barile	Barrel
Borsa	Bag
Bottiglia	Bottle
Busta	Envelope
Cartella	Folder
Cartone	Carton
Cassa	Crate
Cassetto	Drawer
Cesto	Basket
Nave	Vessel
Pacchetto	Packet
Scatola	Box
Secchio	Bucket
Tasca	Pocket
Tubo	Tube
Valigia	Suitcase
Vasca	Tub
Vaso	Vase
Vassoio	Tray

Ristorante #1
Restaurant #1

Allergia	Allergy
Caffè	Coffee
Cameriera	Waitress
Carne	Meat
Cassiere	Cashier
Cibo	Food
Ciotola	Bowl
Coltello	Knife
Cucina	Kitchen
Dessert	Dessert
Ingredienti	Ingredients
Mangiare	To Eat
Menù	Menu
Pane	Bread
Piatto	Plate
Piccante	Spicy
Pollo	Chicken
Prenotazione	Reservation
Salsa	Sauce
Tovagliolo	Napkin

Ristorante #2
Restaurant #2

Acqua	Water
Aperitivo	Appetizer
Bevanda	Beverage
Cameriere	Waiter
Cena	Dinner
Cucchiaio	Spoon
Delizioso	Delicious
Forchetta	Fork
Frutta	Fruit
Ghiaccio	Ice
Insalata	Salad
Minestra	Soup
Pesce	Fish
Pranzo	Lunch
Sale	Salt
Sedia	Chair
Spezie	Spices
Torta	Cake
Uova	Eggs
Verdure	Vegetables

Scacchi
Chess

Avversario	Opponent
Bianco	White
Campione	Champion
Concorso	Contest
Diagonale	Diagonal
Giocatore	Player
Gioco	Game
Intelligente	Clever
Nero	Black
Passivo	Passive
Per Imparare	To Learn
Punti	Points
Re	King
Regina	Queen
Regole	Rules
Sacrificio	Sacrifice
Sfide	Challenges
Strategia	Strategy
Tempo	Time
Torneo	Tournament

Scienza
Science

Atomo	Atom
Chimico	Chemical
Clima	Climate
Dati	Data
Esperimento	Experiment
Evoluzione	Evolution
Fatto	Fact
Fisica	Physics
Fossile	Fossil
Gravità	Gravity
Ipotesi	Hypothesis
Laboratorio	Laboratory
Metodo	Method
Minerali	Minerals
Molecole	Molecules
Natura	Nature
Organismo	Organism
Osservazione	Observation
Particelle	Particles
Scienziato	Scientist

Scuola #1
School #1

Alfabeto	Alphabet
Amici	Friends
Aula	Classroom
Biblioteca	Library
Carta	Paper
Cartelle	Folders
Divertimento	Fun
Esami	Exams
Insegnante	Teacher
Libri	Books
Marcatori	Markers
Matematica	Math
Matita	Pencil
Numeri	Numbers
Penne	Pens
Pranzo	Lunch
Quiz	Quiz
Risposte	Answers
Scrivania	Desk
Sedia	Chair

Scuola #2
School #2

Accademico	Academic
Autobus	Bus
Biblioteca	Library
Calendario	Calendar
Carta	Paper
Computer	Computer
Dizionario	Dictionary
Educazione	Education
Forbici	Scissors
Giochi	Games
Grammatica	Grammar
Insegnante	Teacher
Letteratura	Literature
Lettura	Reading
Libri	Books
Matematica	Math
Matita	Pencil
Scarpe	Shoes
Scienza	Science
Zaino	Backpack

Spezie
Spices

Aglio	Garlic
Amaro	Bitter
Anice	Anise
Cannella	Cinnamon
Cardamomo	Cardamom
Cipolla	Onion
Coriandolo	Coriander
Cumino	Cumin
Curcuma	Turmeric
Curry	Curry
Dolce	Sweet
Finocchio	Fennel
Liquirizia	Licorice
Noce Moscata	Nutmeg
Paprika	Paprika
Pepe	Pepper
Sale	Salt
Vaniglia	Vanilla
Zafferano	Saffron
Zenzero	Ginger

Spiaggia
Beach

Asciugamano	Towel
Barca	Boat
Barca a Vela	Sailboat
Blu	Blue
Costa	Coast
Dock	Dock
Granchio	Crab
Isola	Island
Laguna	Lagoon
Mare	Sea
Nuotare	To Swim
Oceano	Ocean
Ombrello	Umbrella
Sabbia	Sand
Sandali	Sandals
Scogliera	Reef
Sole	Sun
Vacanza	Vacation

Sport
Sports

Allenatore	Coach
Arbitro	Referee
Atleta	Athlete
Baseball	Baseball
Basket	Basketball
Bicicletta	Bicycle
Campionato	Championship
Ginnastica	Gymnastics
Giocatore	Player
Gioco	Game
Golf	Golf
Hockey	Hockey
Movimento	Movement
Nuotare	To Swim
Palestra	Gymnasium
Squadra	Team
Stadio	Stadium
Tennis	Tennis
Vincitore	Winner

Strumenti Musicali
Musical Instruments

Armonica	Harmonica
Arpa	Harp
Banjo	Banjo
Chitarra	Guitar
Clarinetto	Clarinet
Fagotto	Bassoon
Flauto	Flute
Gong	Gong
Mandolino	Mandolin
Marimba	Marimba
Oboe	Oboe
Percussione	Percussion
Pianoforte	Piano
Sassofono	Saxophone
Tamburello	Tambourine
Tamburo	Drum
Tromba	Trumpet
Trombone	Trombone
Violino	Violin
Violoncello	Cello

Strumenti di Cottura
Cooking Tools

Bollitore	Kettle
Colino	Colander
Coltello	Knife
Coperchio	Lid
Cucchiaio	Spoon
Filtro	Strainer
Forbici	Scissors
Forchetta	Fork
Forno	Oven
Frigorifero	Refrigerator
Frullatore	Blender
Grattugia	Grater
Posate	Cutlery
Spatola	Spatula
Spremiagrumi	Juicer
Stufa	Stove
Termometro	Thermometer
Tostapane	Toaster

Surf
Surfing

Atleta	Athlete
Campione	Champion
Divertimento	Fun
Estremo	Extreme
Folla	Crowds
Forza	Strength
Meteo	Weather
Nuotare	To Swim
Oceano	Ocean
Onda	Wave
Pagaia	Paddle
Popolare	Popular
Principiante	Beginner
Schiuma	Foam
Scogliera	Reef
Spiaggia	Beach
Spray	Spray
Stile	Style
Stomaco	Stomach
Velocità	Speed

Tecnologia
Technology

Blog	Blog
Browser	Browser
Byte	Bytes
Computer	Computer
Cursore	Cursor
Dati	Data
Digitale	Digital
File	File
Font	Font
Internet	Internet
Messaggio	Message
Ricerca	Research
Schermo	Screen
Sicurezza	Security
Software	Software
Statistiche	Statistics
Telecamera	Camera
Virtuale	Virtual
Virus	Virus

Tempo
Time

Anno	Year
Annuale	Annual
Calendario	Calendar
Decennio	Decade
Dopo	After
Futuro	Future
Giorno	Day
Ieri	Yesterday
Mattina	Morning
Mese	Month
Mezzogiorno	Noon
Minuto	Minute
Notte	Night
Oggi	Today
Ora	Hour
Orologio	Clock
Presto	Soon
Prima	Before
Secolo	Century
Settimana	Week

Tipi di Capelli
Hair Types

Argento	Silver
Asciutto	Dry
Bianco	White
Biondo	Blond
Breve	Short
Calvo	Bald
Colorato	Colored
Grigio	Gray
Intrecciato	Braided
Liscio	Smooth
Lungo	Long
Marrone	Brown
Morbido	Soft
Nero	Black
Riccio	Curly
Riccioli	Curls
Sano	Healthy
Sottile	Thin
Spessore	Thick
Trecce	Braids

Uccelli
Birds

Airone	Heron
Anatra	Duck
Aquila	Eagle
Cicogna	Stork
Cigno	Swan
Colomba	Dove
Cuculo	Cuckoo
Fenicottero	Flamingo
Gabbiano	Gull
Oca	Goose
Pappagallo	Parrot
Passero	Sparrow
Pavone	Peacock
Pellicano	Pelican
Piccione	Pigeon
Pinguino	Penguin
Pollo	Chicken
Struzzo	Ostrich
Tucano	Toucan
Uovo	Egg

Vacanza #1
Vacation #1

Aereo	Airplane
Andare	To Go
Auto	Car
Biglietto	Ticket
Dogana	Customs
Itinerario	Itinerary
Lago	Lake
Museo	Museum
Nuotare	To Swim
Ombrello	Umbrella
Partenza	Departure
Rilassamento	Relaxation
Spedizione	Expedition
Tram	Tram
Turismo	Tourist
Valigia	Suitcase
Valuta	Currency
Zaino	Backpack

Vacanze #2
Vacation #2

Aeroporto	Airport
Campeggio	Camping
Destinazione	Destination
Foto	Photos
Hotel	Hotel
Isola	Island
Mappa	Map
Mare	Sea
Montagne	Mountains
Passaporto	Passport
Ristorante	Restaurant
Spiaggia	Beach
Straniero	Foreigner
Taxi	Taxi
Tempo Libero	Leisure
Tenda	Tent
Treno	Train
Vacanza	Holiday
Viaggio	Journey
Visto	Visa

Veicoli
Vehicles

Aereo	Airplane
Ambulanza	Ambulance
Auto	Car
Autobus	Bus
Barca	Boat
Bicicletta	Bicycle
Camion	Truck
Caravan	Caravan
Elicottero	Helicopter
Metropolitana	Subway
Motore	Motor
Pneumatici	Tires
Razzo	Rocket
Scooter	Scooter
Sottomarino	Submarine
Taxi	Taxi
Traghetto	Ferry
Trattore	Tractor
Treno	Train
Zattera	Raft

Verdure
Vegetables

Aglio	Garlic
Broccolo	Broccoli
Carciofo	Artichoke
Carota	Carrot
Cetriolo	Cucumber
Cipolla	Onion
Fungo	Mushroom
Insalata	Salad
Melanzana	Eggplant
Patata	Potato
Pisello	Pea
Pomodoro	Tomato
Prezzemolo	Parsley
Rapa	Turnip
Ravanello	Radish
Scalogno	Shallot
Sedano	Celery
Spinaci	Spinach
Zenzero	Ginger
Zucca	Pumpkin

Vestiti
Clothes

Abito	Dress
Braccialetto	Bracelet
Camicetta	Blouse
Camicia	Shirt
Cappello	Hat
Cappotto	Coat
Cintura	Belt
Collana	Necklace
Giacca	Jacket
Gonna	Skirt
Grembiule	Apron
Guanti	Gloves
Jeans	Jeans
Maglione	Sweater
Moda	Fashion
Pantaloni	Pants
Pigiama	Pajamas
Sandali	Sandals
Scarpa	Shoe
Sciarpa	Scarf

Congratulazioni

Ce l'hai fatta!

Speriamo che questo libro vi sia piaciuto tanto quanto a noi è piaciuto concepirlo. Ci sforziamo di creare libri della più alta qualità possibile.
Questa edizione è progettata per fornire un apprendimento intelligente, di qualità e divertente!

Le è piaciuto questo libro?

Una Semplice Richiesta

Questi libri esistono grazie alle recensioni che pubblicate.

Puoi aiutarci lasciando una recensione
ora a questo link ?

BestBooksActivity.com/Recensioni50

SFIDA FINALE!

Sfida n°1

Sei pronto per il tuo gioco gratuito? Li usiamo sempre, ma non sono così facili da trovare - ecco i **Sinonimi!**

Scrivi 5 parole che hai trovato nei puzzle (n° 21, n° 36, n° 76) e prova a trovare 2 sinonimi per ogni parola.

Scrivi 5 parole del *Puzzle 21*

Parole	Sinonimo 1	Sinonimo 2

Scrivi 5 parole del *Puzzle 36*

Parole	Sinonimo 1	Sinonimo 2

Scrivi 5 parole del *Puzzle 76*

Parole	Sinonimo 1	Sinonimo 2

Sfida n°2

Ora che ti sei riscaldato, scrivi 5 parole che hai trovato nei puzzle n° 9, n° 17 e n° 25 e cerca di trovare 2 contrari per ogni parola. Quanti ne puoi trovare in 20 minuti?

*Scrivi 5 parole del **Puzzle 9***

Parole	Antonimo 1	Antonimo 2

*Scrivi 5 parole del **Puzzle 17***

Parole	Antonimo 1	Antonimo 2

*Scrivi 5 parole del **Puzzle 25***

Parole	Antonimo 1	Antonimo 2

Sfida n°3

Grande! Questa sfida non è niente per te!

Pronto per la sfida finale? Scegli 10 parole che hai scoperto nei diversi puzzle e scrivile qui sotto.

1.	6.
2.	7.
3.	8.
4.	9.
5.	10.

Ora scrivi un testo pensando a una persona, un animale o un luogo che ti piace.

Puoi usare l'ultima pagina di questo libro come bozza.

La tua composizione:

TACCUINO:

A PRESTO!

Tutta la Squadra

BESTACTIVITYBOOKS.COM/FREEGAMES